U0069425

兩片葉子一片心

澳洲台商納維康

圓夢之路

周君怡 採訪整理、撰稿　水邊 撰稿

Nature's Care 位於雪梨北郊的全澳第一家多功能cGMP製造廠

吳進昌獲頒「青年創業楷模獎」後與時任總統李登輝先生合影

吳進昌獲頒「海外傑出華人獎」後與馬英九總統合照

初抵雪梨時全家到Bowral鬱金香花園賞花

住在隔壁的鄭醫師（右四）與鄭太太Margaret（右五）一起參加Michael及Jack慶生會

圖右：憲兵學校時代的吳進昌戎裝照
圖左：奉派擔任泰國巴博元帥侍衛官
下圖：Jina抱著剛滿兩歲的大兒子遊小人國

左圖：父母親在工廠忙時大兒子負責照顧小兒子

下圖：吳進昌陪同法鼓山聖嚴法師參訪雪梨港

左圖：Jina於展覽會上與時任澳大利亞商工辦事處商務經理合影
右圖：吳進昌夫婦與香港代理商林繼良夫婦（左一、左二）於香港Cosmosproof展覽會上
下圖：2007年Nature's Care獲新南威爾斯州年度最佳出口企業獎及年度傑出企業獎兩項榮譽

2008年Nature's Care獲頒新南威爾斯州年度傑出企業獎

1997年總統夫人曾文惠女士頒「青年創業楷模相扶獎」予陳素珍

左圖：吳進昌於2005年新廠落成典禮上講述辛苦建廠六年過程

右圖：時任澳洲聯邦政府總理霍華德特派老齡事務部部長畢什普前來慶賀Nature's Care新廠落成

下圖：時任澳洲聯邦政府司法部部長雷鐸（中）、台灣駐雪梨台北經濟文化辦事處處長林錦蓮（右二）、新南威爾斯州下議院議員里奇遜（左一）及漢普森（左二）一同慶賀Nature's Care新廠落成

左上圖：新廠落成典禮澳洲原住民祈福儀式

右上圖：自然生態保育協會澳洲分會全體理監事於成立大會後合影

下圖：台灣荒野保護協會澳洲分會成立大會上，創辦人徐仁修授旗予分會會長吳進昌

吳進昌擔任台商會會長時所籌募捐贈給聖約翰緊急救護中心的賓士救護車及設備總價澳幣十萬元

Nature's Care位於雪梨Chatswood的旗艦店開幕典禮剪彩

左下圖：2010年海地大地震，Nature's Care捐出產品義賣賑災

上圖：1996年Nature's Care入圍澳洲中小企業傑出獎

右下圖：Nature's首位產品研發師瑞士籍的Rene化工專家

Michael與Jack兄弟倆常在公司參展會場幫忙

快樂幸福的家庭

上圖：澳洲：一個非常注重環境保護的國家

下圖：澳洲第一大都會雪梨，前為雪梨歌劇院

生活在大自然、充滿青春活力的澳洲人

澳洲是小孩子的天堂

陳素珍父母親參加「青年創業楷模獎」頒獎典禮，分享女兒及女婿的榮耀

吳進昌將Hornsby的舊廠房捐給法鼓山作為共修場地，並捐出裝潢費用。法鼓山果器法師到Nature's Care公司致謝

2013年，Jina的美夢成真，成為「Nature's Care夢幻莊園」主人

遙望著佔地77公頃的「Nature's Care夢幻莊園」

夢幻莊園入口處散發著淡淡清香，搖曳多姿的薰衣草園

夢幻莊園的薰衣草田，已成為獵人谷新的觀光景點

左上圖：Jina和Alex攜手合作，共同打造了「Nature's Care健康美麗王國」
右上圖：庭園造景池塘裡，水鴨自由自在的悠遊其中
下圖：Jina和Alex在夢幻莊園裡，同心協力一起種下新的葡萄樹苗

2012年新購的占地25,000平方公尺Nature's Care第三廠辦園區

法鼓山方丈果東法師蒞臨雪梨，主持由Alex和Jina捐贈的雪梨分會新會所啟用儀式

增訂版自序

領受愛，傳揚愛

時間過得很快，距離《兩片葉子一片心》於二〇一一年出版至今，已經過了五年，內心相當期待讀者的回響。

也許是從小家境不富裕，當我三十歲生日時，數算自己擁有的一切：一個愛家照顧家的好丈夫、兩個健康的寶貝兒子，以及房子和車子，相當滿足於自己的小小王國，如同置身夢境，我想，足夠了。

後來，為了丈夫的理想、孩子的成長，一家人移民澳洲，無論是語言、環境、甚至法規的不同，全部必須從頭開始學起。一路走來雖然遇到許多困難，但在過程中，總是有貴人在旁提供協助，像天使一樣守護著我們一家，總是有驚無險地一階一階攀登向上。

在二〇一一年公司成立二十週年的感恩晚會上，我再一次捏捏自己，懷疑是否在夢裡，像我們這樣平凡的人，真可能有如此成果？兩個寶貝兒子身心靈健康的長大，公司規模也足以與在地企業並駕齊驅，二十年來我們不曾計較得失所在，每天馬不停蹄努力工作。晚會上，回顧這一路走來真的感恩再感恩！

二〇一六年再回首過去五年，一次一次度過似乎不可能穿越的關口，像是老天爺要把重大的責任交給我之前的考驗。公司的經營上，不斷突破瓶頸到達更新的層面，進步的成果令人刮目相看；Michael完成終身大事，讓我非常安慰。雖然皈依法鼓山，學習遭遇困難時面對它、接受它、處理它、放下它，但這一生讓我無法處理也不能接受的，就是Jack的受傷。

面對生命的無力又放不下的心肝寶貝，我終於崩潰了。這段期間，家人與親朋好友想盡所有辦法挽救Jack，不同宗教都為Jack禱告祈福；好不容易迎接Jack健康出院，沒想到媽媽又生病。陪伴在母親身旁的這些日子，是我一輩子所做最無遺憾和後悔的事；可以在媽媽人生最後一段路途看顧著她，感謝公司同事的體貼讓我留在台灣照顧她，也謝謝家人的支持。這期間，我感受到很多真心朋友的問候，遇到仁心仁術的良醫，讓媽媽在晚年看到最美好的景象：丈夫關愛、兒孫孝順、朋友有情，醫生也盡心照顧，讓她感受最溫暖的人間，雖然經歷那麼多苦痛，但相信這是她此生最幸福的時刻。

再次和健康的Jack一起迎接陽光，看到公司的成長，以及媽媽的幸福感，讓我感到是時候將自己交給天下的衆生了。我將逐步把公司經營交給接班人，重心轉移至關懷社會的慈善工作，讓愛與良善成為一個循環，分享至每一個需要愛的角落。

陳素珍 口述

增訂版推薦序一

愛、浪漫與熱情

翻開這本表面看來並不驚人的書，原本想翻翻，選幾段較特別的章節讀讀就好了，反正一個成功的人就是有某種特質或本事，只要細看這部分，大概就抓住這書的精華了。但這本書從一開頭就緊緊揪住我，竟不知不覺一頁一頁靜靜的讀下去……主因是各章節之間的變化太大，太精采了，我會很想知道，主角會怎麼應對一道又一道的難關，會用怎樣的態度來接受挑戰！

在這裡我不想重複書中的美妙情節，這留給讀者自己去體會與享受，我要提醒讀者諸君，在嘆服故事千折百轉之時，更要學習主人翁內在的思維，那是你真正大有收穫之處。我常對年輕學子說：「在別人眼中，你的人生不一定是成功（每個人對成功的定義不同），但自己卻要清楚知道，你的人生會是精采的。我們的整個人生是由思，言，行所形成，所以你必須非常注意你是怎麼想（思），因為，想，就已經決定了你大致會是怎樣的人生！」

怎麼想，決定了你人生的高度與態度。我的座右銘是「永遠懷抱著愛與浪漫，熱情的去行動。」真正的愛是無私的，而浪漫讓你有豐富的想像力與創造力，然後歡歡喜喜，全力以赴的去行動。這樣的人生不保證成功（他人眼中），但一定是精采的。難得的是這本書的主人翁賢伉儷卻有既精彩又成功的人生，無它，就是愛與浪漫，又熱情的去行動，從未為逆境挫折而停止行動。

二〇〇一年，我們在澳洲雪梨的餐宴演講會上相遇，我在演講時說到希望有一天成立澳洲荒野保護協會。當時我一點也不敢有期待，我知道大部分台商，或說台灣人，持著多一事不如少一事的心態。但出乎意料之外，被認為最忙且一直拒絕各種名銜的吳進昌賢伉儷，竟主動說要幫我完成這個希望。用當晚與會台商的話來說：「跌破眼鏡。」

因為吳進昌賢伉儷深知自然生態與人的關係是共生的，是一體的，彼此都要互相親愛與珍惜，而這正是愛與浪漫的表達。他們又經過四年的熱情行動，澳洲荒野保護協會正式成立了。看看當時多少人聽我演講，卻只一旁觀看，十幾年後的今天，他們最多增加了一些錢財，或多了一間房子，但人生卻是日漸褪色。因為少了愛，少了浪漫，少了熱情！

我很幸運，認識許多像吳進昌賢伉儷這樣有先知先覺的貴人，例如邱倚星先生成立了尼加拉瓜荒野保護協會，鄭揚耀先生成立沙勞越荒野保護協會，蘇添益先生成立馬來西亞荒野保護協會，賴芸以荒野的理念成立廣州鳥獸蟲木自然保育中心，李振基教授成立廈門綠色營生態文明推廣中心。還有何正卿、王財貴等熱情的董事們，助我成立荒野基金會。讀者諸君，現在應更明白愛與浪漫以及熱情，對人生是何等的重要吧！而這本書是吳進昌賢伉儷用他們精彩的一生，為愛與浪漫以及熱情做了最詳盡的現身說法，讀後你必會重新省思你的人生，展開新的精彩旅程！祝福你！

後記：讀完增訂的篇章，令我感動得淚水盈眶而不得不暫停閱讀……多麼精彩又美好的人生，真正充滿愛、浪漫與熱情的人生！

徐仁修

中華民國荒野保護協會創會理事長

增訂版推薦序二

修解脫道、行菩薩道的最佳實踐者

兩年前在法鼓山的友人介紹下，認識吳進昌先生、陳素珍女士賢伉儷。當時他們想要多瞭解台灣資本市場概況及外國企業來台灣上市的規範，相談甚歡，從此結下良緣。

企業上市目的，不外一、籌措資金，發展事業；二、訂立較透明獎酬制度，吸引更多人才；三、強化內控內稽制度，奠定經營基礎；四、增加公司及產品知名度，拓展市場；五、分享經營成果，嘉惠員工及股東。

他們的公司——Nature's Care位於澳洲雪梨北郊的總部，是全澳洲第一座也是最大、且符合最新藥品優良製造規範（cGMP, Current Good Manufacturing Practice）的多功能製造廠，通過澳洲藥物管理局（TGA, Therapeutic Goods Administration）嚴格檢驗考核，替全球熱愛自生活者生產少數可打上「AUSTRALIAN MADE」綠色三角袋鼠標章的健康食品與保養品，產品品項多達四百多種，銷售網遍布澳洲及全球十四個國家和地區。另近期又在雪梨近郊獵人谷購置Nature’s Care夢幻莊園，除種葡萄、釀酒、壓製葡萄籽油、萃取花青素、生產健康食品外，這樣龐大的企業體，五、六年前他們就在準備上市。

吳進昌先生表示，獨資企業的發展有限，上市是一種必然的趨勢，先準備妥當，等候最好的時機點，建立有力的經營團隊，將來對股東才有好的獲利規劃。對Nature’s Care的員工而言，上市等同於大家都有機會成為未來的股東，大家的工作態度不同，更有動力與向心力。「以前，我只想讓孩子接受好的教育，做點小生意養家餬口，但沒想到一做下去就身不由己、欲罷不能，也真的沒有想過Nature’s Care會有現在的規模，將來甚至要上市、成為跨國企業。」

陳素珍女士表示，「公司要永續經營，上市是必經之路。未來雖然不一定由我們經營，至少公司的企業精神和文化會持續下去。規劃上市那天開始，我們一直向券商和所有同仁強調，Nature’s Care的企業文化是，原料和品質為第一優先，讓公司股東和消費者可以吃到好產品，照顧他們的健康，這是我們對上市的期許：單純為了獲取股票利益的投資人，請別買我們的股票。」

過去一年多，他們認真評估公司在台灣上市的可能性，但發現仍有若干問題尚待克服。做為台灣資本市場老園丁的我，非常企盼他們可秉持「希望將Nature's Care良心事業形象帶入台灣，不僅衣錦榮歸，證明只要有心，移民台灣的投資人還是有機會闖出一番事業」之初衷，選擇台灣上市。

在90年代創業之初，他們即秉持「堅持天然的事業良心」及「三不加」政策：「不添加人工色素、不添加化學香料，和不添加有害的化學物質或防腐劑」。並深受澳洲天然環境資源及原住民文化影響。「創業初期，澳洲純淨無污染及豐富的資源很吸引我們，因此如何利用這些優勢來推出澳洲製造的產品，是我們當初的思考方向。也因為我們想要結合澳洲的特色『環保及純淨的天然環境』，推出一個對人類有益的保養產品，推廣至其他市場，加上我們的產品都堅持取自天然（Nature）原料，所以希望品牌形象也與天然有關，當時腦海頓時閃出一個想法『at Nature's Care, We care!』，於是品牌的名字就這樣出現了。」

「數千年前就已居住在澳洲大陸上的原住民，流傳著Dream Time的傳說，那是一個與人類世界平行的空間，它的時間性超越開天闢地，遠達於永恆，在成為人類、動物或植物之前，每個生命的靈魂都是永遠存在的夢，只是在某個階段進入現在生活的軌道，夢的故事仍舊在不同的空間中延續，這就是原住民常說自己有袋鼠夢、蝴蝶夢的緣由。Dream Time的傳說讓陳素珍相當感動。她認為原住民是最早的環保專家，流傳千年的澳洲精神，教導他們知道如何愛護土地、利用資源，許多原住民運用的植物，都是澳洲獨特品種，是澳洲的象徵。」

這樣的善用天然資源，生產對人類有益的天然產品，並降低對自然環境的破壞，豈非當今卓越企業追求「企業社會責任」的典範。

過去二十五年，他們胼手胝足在澳洲奮鬥努力，堅持尊重大地符合環保的理念來生產；善待員工；視員工如家人；分享供應商和經銷夥伴共同創造的利益與價值；熱心公益、回饋社會。「以慈悲待人，以智慧處事」，更將聖嚴師父的「心靈環保」及「新五四運動」的理念，落實於工作與生活。而今，陳素珍女士說，「一年多來，無形中似乎有股力量把我拉向慈善事業。經歷了至親的生離死別，我現在很享受當下。所做的每一件事，冥冥中都被賦予某種責任與使用，所以我不抗拒；接受這份使用與責任，順著那條道路走，就對了！我的身旁圍繞許多天使，而我，也要成為別人、那些社會角落裡亟需援助者的天使。我曾發誓，要將自己獻給芸芸眾生。」

聖嚴師父教導我們，立足五戒十善法，修解脫道、行菩薩道，吳進昌先生、陳素珍女士賢伉儷無疑是最佳實踐者。

許仁壽

富邦證券董事長暨法鼓山法行會會長

推薦序一

心靈環保

二〇〇六年，台灣的長官來雪梨視察，看完我的工作報告，問說：Nature's Care是甚麼公司，怎麼成果報告中一直出現？的確，在我二〇〇三到二〇〇八年的雪梨台灣貿易中心服務期間，Nature's Care一直是最支持我們，也是在澳洲的台灣人，最引為傲的台商。

從二〇〇三年SARS之後，台灣貿易投資出現危機，Nature's Care率先返台投資設立分公司，到後來很多對台灣的採購、投資，以及國內團體來雪梨時的參觀接待。Nature's Care都是樂於分享、付出。與我們合作無間，我常覺得，駐外期間能遇到這麼優良的廠商，真是榮幸。

更幸運的是，不但因工作上的結緣，與Jina和Alex成為好友，還成為同樣依止法鼓山聖嚴法師座下，接受師父教導的道友。二〇〇三年剛到雪梨的時候，適逢Nature's Care新廠房興建中，初次聽到Alex夫婦提到環保理念，就覺得與法鼓山聖嚴師父的理念，非常相符。心想：如果對自然都這麼尊重與愛護，他必定也有一顆很美的心。

之後，看到他們對荒野保護協會的支持，以及以經營良心事業的心，生產健康食品和保養品，幫助大家做身體的環保。我恍然大悟，原來Jina與Alex從事的是環保事業，而且是以心靈環保為基礎。

「心靈環保」這個近年廣被引用的理念，是由聖嚴法師二〇〇二年在曼谷召開的世界宗教理事會所提出的，指的是由心出發，以慈悲心、智慧心來淨化人心、淨化社會。法師最近幾年也推動「心六倫」，包括家庭、校園、生活、職場、自然和族群等六種倫理關係，應用「心五四」的方法，具體實踐心靈環保。

「心五四」涵蓋了大家耳熟能詳的「四它」：面對它、接受它、處理它、放下它；「四感」：感化、感動、感恩、感謝；「四安」：安心、安身、安家、安業。「四要」：需要的不多、想要的太多、能要該要的才要，不能要、不該要的絕對不要。以及「四福」：知福、惜福、培福、種福。

Jina與Alex會成為聖嚴法師的弟子，對法鼓山如此支持，最大的原因就是他們原本就是心靈環保的實踐者。以Jina來說，雖然身為集團總裁，平常的她，總是穿著牛仔褲，踩著平底鞋，生活的很簡單，有時中午過了一、二點，才趕快去微波便當，真是需要的不多。不過即使不施脂粉，也不掩她的美麗與氣質，舉手投足都是專業與自信。

有一次聽她對員工做教育訓練，對產品從研發理念、原料來源、療效以及使用者見證，娓娓道來，原來每項產品都是她的心血結晶。每個員工、客戶就像家人一樣疼惜，所以她做的是良心事業。

她的專注力也超強，更有敏銳的觀察力。再急的事，她也從容不迫，給人很大的穩定感。她的安定，來自對自己言行的信心。她告訴我，因為不做對不起人的事，所以心安。聖嚴法師說：心安定，人就平安，自然家庭事業都平安。對於做生意，她也有一套哲學，有緣就做，並不會給人咄咄逼人的壓力。然而因為產品優良，價格公道，又會為客戶著想，業務蒸蒸日上。

Jina也是我少數看到毅力驚人，且EQ超強的女性。纖細的她，每週工作六天，星期天還要研發設計產品。雖然是自己的公司，但是出差回國，總是直接去公司，有時我好奇，不會累呦？她總是笑笑，後來我才體會，這就是身教，給兒子及員工，做最好的示範。

這幾天，適逢日本發生九級大地震（二〇一一年三月十一日），核能外洩，我再次看到一位愛兒子母親的危機處理。她在第一時間，聯繫上在日本的兒子，當機立斷讓隻身在東京的Jack先行返台。在面對問題，接受問題，處理問題之後，她迅速的放下，立即投入賑災。賑災，已經成為她的家庭與公司的共識。Jina以自己的做到，感動身邊的人，和她一同致力做對人有幫助的事。

她同時是一個非常會感恩的人，並且常發願報恩。她的願，多不是為自己。自認受聖嚴法師很大影響，在二〇〇九年參加師父植存儀式那天，聽到師父的：「虛空有盡，我願無窮。」Jina就發願要提供法鼓山雪梨共修處，為的是將師父的理念，利益澳洲人，這個地點，今年已正式啟用。這是真正的知福、惜福、培福、種福。

我非常有幸，參與見證了Nature’s Care的蛻變，但也是看到這本書，才知道他們當時曾面臨如此大的挑戰。而也是中間這麼多的考驗過程，才能印證自己的真心。另一個感動則是，連寫書都這麼忠於事實，不浮誇、不虛假，真實記錄。

這對伉儷多年來用感恩的心面對家庭、朋友、客戶、經營企業。這樣的心，來經營企業、經營人生是最安全，也是最有績效的，這才是真正讓我們安身立命的財富。

看完這本書後有一個很強烈的體會，就是Nature’s Care公司是大自然透過Jina這位天使，將愛與關懷帶給世間。未來期待Jina與Alex，能做更多的分享，讓更多人知道。原來，善的循環是這麼美好。一個善念，帶來這麼多好的結果，一切就如水到渠成。

至於讀者，這本忠實紀錄了Jina與Alex成長、成家、移民、創業奮鬥歷程的書，我們可以把它當作勵志，如何從困境中不斷努力，走出一條路；也可作為企業實務教戰手冊，甚至經營管理的個案。但是，我更覺得這是一本實踐聖嚴法師心六倫的書。當中對於家庭、校園、生活、職場、自然以及族群等六個倫理的關係，都有詳細的著墨，更因為以師父的心靈環保為依歸，所以每一項倫理關係都恰如其份。

感謝我的好朋友邀請我分享，也祝Nature’s Care生日快樂。

林萍

前雪梨台灣貿易中心主任

推薦序二

台灣版的《利家與松》

日本NHK電視台二〇〇二年大河劇《利家與松》——「加賀百萬石物語」，是描寫日本「戰國時代」尾張荒子城主的四兒子「前田利家」與妻子「阿松」兩人攜手努力奮鬥，從四百五十貫俸祿的普通武士開始，到最後成為「江戶幕府」擁有一百二十萬石領地的第一大藩——「加賀藩」的故事。

阿松情義堅貞、智勇雙全，加上利家忠貞耿直、堅毅不拔的個性，夫妻鶼鰈情深、相互扶持，在戰亂中，雖不斷地隨主子征戰、遷徙，卻能夠堅守著兩人所構築的家庭，歷經幾度危機，都能化險為夷，除了勇氣、堅持、機智和運氣外，更因為他們擁有比別人更多的忠貞、守禮、正直、誠信的高貴情操，才能度過重重險阻，獲得到最大的功名。

Nature's Care吳進昌與陳素珍夫妻，二十年前從台灣移民到澳洲，兩人有著與前田利家和阿松相同的「夫勇妻賢」特質與精神，從零開始，努力打拼，到如今成為澳洲最大、最成功的台商，並在澳洲健康食品製造業佔有一席之地，其奮鬥的過程與有所堅持的精神，堪稱台灣版的《利家與松》。

「利家大人，拜託您，請您娶我為妻，你是個堅強的男子，一定能創造出一個女子無需舞刀弄劍的時代，阿松願意與利家大人並肩作戰。」這是阿松與利家兩人相約在櫻花樹下私訂終身時，阿松懇求利家的話。在那個男性本位、男權至上的時代，作為一介女流，能夠獨立自主、打破傳統，為追求真愛而講出這種話，是需要有相當大的勇氣和智慧。

吳進昌年輕時因出車禍住院開刀，當吳進昌從手術室被推回病房時，陳素珍在病榻前止不住淚水跟他說：「我要嫁給你」。在幾十年前比較保守的社會，要突破傳統，由女性自主作出這麼重大、勇敢的決定，並以自己的青春與人生作賭注，不容易啊！

阿松不是傳統意義上，躲在成功男人背後的賢慧女人，而是可以與成功男人並肩而立的成功女人，她的口頭禪：「請把一切交給我吧」！在那個男人們都要出去征戰，女人只能在背後默默支持，打理家庭的時候，阿松卻能夠勇敢地站出來，屢次在丈夫遇到困難時，甚至在征戰上遭逢重大難關的時刻，阿松就會對利家講這句話，並且真正的用自己的智慧與能力，幫助丈夫扭轉乾坤。他們彼此間的互相信任與支持，朝著遠大的目標前進努力不懈的精神，也就如同片頭那株一白一紅並生的櫻花樹一樣，和諧又茁壯，看了令人動容。

前田利家的成功和所獲得的功名，阿松絕對是功不可沒，她永遠正向樂觀的個性，憑藉著她自己的智慧和手腕，將丈夫推向名垂青史的英雄之路，在日本歷史上可以說是女中豪傑的人物，更可以說是百萬石的功名上，有利家的一半，也有阿松的一半。

陳素珍在書中說：「我們是一半一半，所謂的另一半，真正的另一半，我相信在創業和工作上，有他的一半，也有我的一半，我沒他不行，他沒我也不行。」這就是「一半加一半的完整」。

《利家與松》的故事也能讓我們得到一些啟示，在紛擾動亂時代，若要求生存，做任何事就必須戮力以赴，表現在生命上的態度，絕對是要積極正向的，人與人之間相處的道理，就是絕對的信任。因此人們做事都應有正向的思考，全心全力以赴，這一生不應該浪費在怨天尤人，或者在意別人有意或無意的攻擊及不友善態度上，只要讓自己的心夠堅強並有所堅持，這些外在的風風雨雨，是影響不了自己的。

在劇中最令人印象深刻的是，阿松常講的「請把一切交給我吧！」這句話，它會讓人在面臨困境的時候，想到了阿松的堅韌和不放棄的精神，及靠著她無以倫比的勇氣和毅力，一次次的力挽狂瀾，成就了大事，如此就會覺得自己也能堅持下去，踏上坦蕩的道路。阿松是一個幾乎接近完美的女人，她的智慧與勇氣，更令戰國時代後三雄，織田信長、豐臣秀吉和德川家康都不得不對她敬佩有加。

陳素珍樂觀正向的人生觀與待人處事的智慧，吳進昌全力以赴與有所堅持的精神，就活現在Nature's Care創業二十年的過程中。

周弘輝

《澳洲日報》副總編輯

推薦序三

相信眞心的力量　相信緣分的奇妙

佛曰：「世間萬物，自有緣起緣滅。」能與Alex和Jina相識，我信「緣」；能與讀者在此相遇，我信「緣」。

既然打開了這本書，您將會遇上怎樣的「緣」、取得怎樣的收獲呢？是否如我一樣，就像是打開了一個能解開人生和事業之迷的寶盒？

這本書說的是一個典型的新移民成功故事，然而，讀起來，它並沒有給人一種名成利就、意氣風發的感覺。相反，在作者娓娓道來的溫婉筆下，一個台灣新移民如何適應澳洲、如何為事業打拼的故事緩緩地呈現出來。

經過二十年的努力，Alex和Jina的事業無疑是達到了令人敬仰的高度，然而，過程絕不暢順：

- 家境困難，沒有辦法上大學；
- 準備在泰國創業，遇好友被殺，信心大受打擊；
- 在台灣工作時，拼命到胃出血，未痊癒卻又遇嚴重車禍；
- 生活艱難，大兒子出生後，兩個人的薪水也不足以養育孩子；
- 成功做起服裝生意，又擔心下一代沒有好的成長環境；
- 移民澳洲遇上嚴重的經濟不景氣；
- 雖然找到生意的商機，因英文不夠好，困難重重；
- 事業發展了，又與照顧家庭產生矛盾；
- 骨折開刀，遭遇火災，差點失去家園；
- 修建新廠，嚴重超時超資，造成龐大經濟壓力；
- 歷盡千辛萬苦建好新廠，卻因生產許可證不能轉移造成兩邊停產。

其中的每一個挫折，都有可能令人喪失意志，或者走偏門，作出錯誤的選擇。而Alex和Jina卻始終如一地用同一方法來應對，那就是：「相信真心、相信緣分的奇妙，義無反顧地實幹，並且常懷感恩的心。」儘管磨難不斷，一路艱辛，他們二人就如公司標誌上兩片相互牽引的小葉子，在風雨中一路相挺，迎來一次又一次如有天使眷顧般的幸運。走向陽光燦爛的明天。

聖嚴法師說：「有果必有其因，有因卻未必有果」，「果」一定是從「因」而來的，可是從「因」到「果」的過程裡，必然要有許多的條件因素加以配合，佛教稱之為「緣」。也就是指主要的條件加上環境、時間、他人及自己的配合，此即所謂「天時地利人和」。

如果要問，他們為何如此好運，Jina的話，給出了明確的答案：「只要是真心的待人，只要是誠懇的，別人一定會被感動」。

他們的故事，就是「真心與感恩」喚出「奇緣」的真實案例：當心靈保有正能量的時候，所有的一切都會順應自然的感召而來到身邊，堅持這樣的真心加上不懈的努力，一切的不可能都會成為可能。

在澳洲大陸上已居住數千年的原住民，流傳著一個夢幻傳說：那是一個與人類世界平行的空間，它的時間性超越開天闢地，遠達於永恆，在成為人類、動物或植物之前，每個生命的靈魂都是永遠存在的夢，只是其中的一段進入現在生活的軌道，而夢的故事仍舊在不同空間中延續。這個傳說，曾深深地感動過Jina，使他們的「真心與感恩」，不但是用於對人，還延伸到身邊的自然萬物。Nature's Care創辦這許多年來，一直努力於如何做最天然，最純淨，最健康的產品。而這恰恰符合了「熱愛生命，友善大地」的澳洲核心精神。因此，他們在澳洲的成功就顯得一點都不神祕了。

古人云：「生財有道」。這個「道」指的是「正道」，是可以引向一個企業永續發展的門路。而這本書可以說是值得每一個渴望成功人士借鑑的創業總結。

雖然不是每個人都是商人，但我卻相信，每個人都能在這本書裡找到困擾他們生活的答案。當遭遇人生的大意外的時候，到底如何去跨過這道坎？當走到一個完全陌生的環境，到底要怎麼處理家庭和工作的關係？當因為別人的錯誤而導致幾乎全盤皆輸的局面的時候，到底要怎麼去處理這個結局？當我們處於極度的高壓狀態的時候，到底要怎麼去達到內心的平衡？還有我們要怎麼去結交朋友，怎麼去教育孩子，怎麼去處理公司中的人際關係，怎麼去處理好夫妻之間的關係？等等，這些常常讓我們夜不能寐的問題，書中都給了我們很好的啓發。這就像一個拾貝的過程，我們在海邊漫步徜徉，邊走邊看邊想，當我們心平氣和的走下去，會發現一地的寶貝在這裡閃閃發光。

萬事萬物，冥冥中自有緣分。能與Alex和Jina夫婦認識，是一種善緣。它讓我更堅定地相信真心的力量，相信緣分的奇妙。在我眼裡，他們雖然事業有成，內心卻純真自然。他們對朋友義氣相挺，對自然心存感激，對生命秉持敬意，對社會充滿愛心。無論是做人還是做企業，永遠有著赤誠的心意，正如那兩片翠葉一片真心，努力追尋著對生命最貼心的呵護。在Nature's Care成立二十載之際，衷心祝愿Nature's Care的生命之葉長青。

唐國琳

澳洲唐人傳訊集團CEO

推薦序四

兩片葉子一片心

十幾年前的某一天晚上，在朋友家有一個聚會，大家正聊得起勁，門鈴響了，進來一位陌生的台灣朋友，個子高高壯壯，有點靦腆，話很少但講起話來卻低沉有力，聲如洪鐘。朋友告訴我，他在這裡買了一家工廠，生產一些天然保養品和健康食品，雖然和他沒講甚麼話，但他卻讓我留下深刻的印象。

過了一段時間，有一天我接到一通電話，問我台灣同鄉會會訊上的高登家飾，標題「一千年前它不是椅子」的那張廣告，是我企劃設計的嗎？因為當時我是同鄉會的理事，負責編輯製作會刊，而高登家飾熱心贊助，我很用心的義務為他們設計了一張太師椅的廣告。他說想請我為他們公司製作一張廣告，在這裡很少有人知道我是專業的行銷廣告企劃，頭一次有人請我做設計，當下就和他約好見面洽談。

當我依約定來到指定的地址，呈現在我眼前的房子和我印象中的工廠不太一樣。這是棟兩層的舊式建築，樓下是倉庫而辦公室在樓上，在特別用玻璃隔間的辦公室內，有幾個人正聚精會神的工作著。當我看到坐在外面的空間靠牆的一張大桌子，桌上堆滿文件，看起來也很忙的人。我才猛然想起，他就是那天晚上在朋友家遇見的那位開工廠的朋友，看見我他緩緩的走過來和我親切的打招呼。

這時有一位女士也從裡面的辦公室出來跟著他一起走過來。我起身和他握手之後，他指著身旁的女士說，這是他的太太Jina——陳素珍，她朝著我微笑並請我坐下。Jina也是話不多，聲音很輕但講的話都是重點。這次的交談並沒有太多的交集，只告訴我他們需要設計一張全系列產品的全頁彩色雜誌廣告。並順便問我會不會設計包裝，我說可以試試。她就拿一個Leimei羊毛脂的紙盒包裝請我重新設計看看。

當時，我看他倆的表情，好像對我這個長得呆呆的中年胖子，並不是有太大的信心，抱著姑且讓我試試的心情。幾天後，當我提出設計案，他倆才有些瞭解，原來胖胖的人也可做出細細的東西。之後，他們就開始一件一件的請我為他們公司規劃設計系列產品的包裝，設計標準字……等等。慢慢的彼此成了很好的朋友。至今算起來將近二十年了。

雖然這裡的移民絕大多數是所謂的商業移民，來的人也大多是企業的老闆或主要股東，但把事業重心移到這裡，真正抱定決心投資設廠，全心全力去經營的並不多見，吳進昌伉儷是雪梨台灣移民的佼佼者。

他們從一間透天二樓式的辦公兼廠房，發展到今天的大工廠，這二十年間看著他倆一路走來，夫妻共同努力一起面對問題，解決問題。雖然辛苦又忙碌但他們時常不經意的流露出那種幸福的感覺，卻是叫人十分的感動。那是一種齊心奮鬥，兩個生命緊密的相結合，共同面對命運的挑戰，為理想的目標而努力才能綻放的美感！他倆就像同一枝樹枝長出來的兩片葉子，各自充滿生命力，卻有著共同的命運。他們相偎相依一起創造未來，雖然是兩片葉子卻擁有相同的一片心。

在雪梨地區台灣同鄉會舉辦的公益活動、慈善晚會……，十幾年來從未間斷的捐款支持。幾乎每次他們都是主要贊助商之一。吳進昌伉儷熱誠善良以及腳踏實地的努力風格，造成他們今天的傲人成就。在此衷心的祝福他們。

董大山

藝術工作者

推薦序五

提燈

從前，我認為一個人只要努力加上機運，自然就會達到成功。然而，自從認識了Alex和Jina以後，徹底顛覆了我的想法。一個人努力不懈朝著理想邁進，固然會得到相當的成果，但是，就好像爬山，往往到達了頂峰之後才幡然發現，還有更高的山峰巍然眼前。於是一座座的攀爬，一次次的試煉，從此，人生就像一場永無止境的戰場，必須面對永不止息的挑戰。大部分的人多固著於外境的試鍊，很少人懂得困心衡慮，自我超越。然而，Alex和Jina就是如此懂得披荊斬棘，開創格局的人。

二十年前，Jina和Alex為了給予下一代有良好的學習環境和教育，毅然放棄如日中天的成衣生意，帶著嗷嗷學步的小兒子Jack和活潑奔放的大兒子Michael，一家四口移民澳洲雪梨。那年Jina剛剛年過三十，而Alex才三十六歲。那個年代的移民家庭很多是媽媽攜兒帶女移民海外，留下先生隻身在臺孤軍奮鬥。比較少有人像Alex和Jina一樣，如此有破釜沉舟，孤注一擲的決心。將台灣的成就歸零，一切從新開始。

他們經過審慎的研討評估，於是決定與化工專家Rene合作，利用澳洲豐富純淨無污染的物產和資源，作為創業的標的。第一批天然羊毛脂產品終於在一九九〇年問世。由於對純天然產品的呵護，他們堅持「三不加政策」——不添加人工色素，不添加化學香料，不添加有害的化學物質或防腐劑。為了要貫徹他們崇尚自然的觀念，因此他們的公司就命名為Nature's Care。後來世界各地發生很多知名品牌因為產品製造問題而下架的事情，更印證了Alex與Jina當年的真知灼見。

一切事務的成長，都有其進化的過程，Alex與Jina夫婦歷經二十年歲月的淬鍊，憑藉著如台灣牛拼搏的精神，他們的公司由一間小小的兩層舊廠房蛻變成澳洲第一座占地寬廣，氣象雄偉的cGMP多功能製造廠。生產的健康食品與保養品，從原先寥寥幾種進展到琳瑯滿目四百多種。銷售網遍布澳洲各地及全球十四個國家。一九九六年Nature's Care榮獲澳洲電信與聯邦銀行主辦的新南威爾斯州小型企業獎，一九九八年Alex獲得台灣第七屆海外華人創業青年楷模獎，Jina榮獲相扶獎。戰功如此彪炳，成果如此輝煌，然而，這對在異國他鄉胼手胝足，開疆闢土的夫婦，並不沉醉於掌聲與喝采聲浪中，仍然本著創業初期，如臨深淵，如履薄冰戒慎小心的心情在波濤洶湧中繼續奮戰，隨著風起雲湧，體積逐漸膨脹，能量也隨之加劇，波濤湧至最頂端，隨之，浪花捲雪水花四濺，沖向更遙遠的地方……。

常常覺得，認識Jina深似一天，我就感覺到遠似一日。記得，第一次與Jina初識是在弟弟的婚禮上，在滿座的衣香鬢影，觥籌交錯中，她素樸隱斂的如同雲彩散後，水面上一點隱約的天光，任人臨影徘徊，卻兀自湛然不動。來到澳洲之後，再度相逢，從前邃密孤峭的她不知不覺中已經悄然轉變成磅礴幹練運籌帷幄的職場達人。

她的稟性就如同多元文化的澳洲一樣多元，作為隱身於成功男人背後的那隻推手，她所應該具備的條件，諸如：堅強，能幹，勤奮，包容，韌性，細膩，敏銳，善良……。這些美德都不足以形容她，在她纖細的外表中常常含寓哲理發人深省的思惟。

落日餘暉中漫步於幽林小徑上的Jina，悠然閒靜的就像一位遠離塵囂的隱者。而當她僕僕風塵於各國的商展中，沉默寡言的她居然可以發揮折衝尊俎堅強剛毅的本領，開拓版圖，取得商機，在那纖細柔弱的身體中潛藏著何其巨大的靈魂呀！這個時候，她是老子筆下——至剛莫若水的Jina。在為賑災募款的慈善晚會上，一向節儉素樸的她，大力的鼓勵Alex一馬當先慷慨解囊。她，上善若水的胸懷，隨勢蜿蜒，緜緜若存於宇宙之間，因此她的周遭形成了一股善的循環，日日如新。

一個是衝鋒陷陣，豪邁如山的鐵漢——Alex。一個是至柔如水的——Jina。天下之至柔，馳騁天下之至堅，剛柔並濟，所向無敵。這也就是為什麼Nature's Care歷經二十年歲月，能夠昂首闊步穩健成長的最大原因了！

回顧過往，四百年前，我們的祖先從唐山渡大海，入荒陬來開闢台灣這塊土地，他們是台灣第一代的移民。如今，台灣能夠如此富庶繁榮，遠祖開疆闢地的精神功不可沒。而今天，Alex和Jina本著祖先蓽路藍縷的精神，來到澳洲這塊廣袤純淨的土地上，拓殖斯土，開展商機，為後繼的新移民提燈照路，樹立楷範，這是何等恢宏豁達的氣度和胸襟啊！期望Nature's Care能夠世世代代永遠屹立於澳洲的土地上。

葉秋紅

教師　文字工作者

目錄 Contents

Part 1 無悔的愛

Part 2 心靈歸屬在異鄉

Part 3 創造品牌生命力

Part 4 愛的感動力

Part 5 漫漫建廠路

Part 6 良心事業加完美主義

Part 7 為了家，為了愛

Part 8 看見生命奇蹟

目錄 Contents

清晨的光影，由山稜上的透白至天頂烘染出漸層的碧藍，小山丘背陽的林木色澤分外深邃，錯落的幾間廠房勾勒出工業園區風貌，沒有交通喧嘩，寧靜而恬適；空氣中隱約透著一縷縷薰衣草的芳香。

Alex開車進了雪梨北郊的Garigal國家公園，而後進入Austlink企業園區。這個園區的土地已經全部賣完了，但Alex想起當初到這裡買地要蓋廠房時，最初還只有王安電腦和Panasonic兩家公司而已。

穿梭在森林與野生動物生活的領域，Alex心想，大概他這輩子真的與自然無法分開。這片豐懋的樹林滋養、照護著地球上的無數生命，原來，這樣的使命和他的關聯這麼深。

車子在樹林間游動，就像Jina喜歡在樹林間一個人獨自散步一樣，這樣的感覺好像一支清新的鋼琴小曲，讓他們兩個人的生命獲得無比的豐盛。

公司到了，Alex踩著輕鬆步伐，走過紫色的薰衣草花園，來到猶如高級飯店般的公司門口，噴泉造景玄關、挑高的花崗石門廊、大片落地玻璃門撒落一地的陽光，看到Alex的員工都帶著笑臉歡迎他。

接待櫃檯後方牆面上有兩個斗大的炫銀色字樣「Nature's Care」。

這裡是Nature's Care位於澳洲雪梨北郊的總部，是全澳洲第一座也是最大、且符合最新藥品優良製造規範（cGMP，Current Good Manufacturing Practice）的多功能製造廠，通過澳洲藥物管理局（TGA，Therapeutic Goods Administration）嚴格檢驗考核，替全球熱愛自然生活者生產少數可打上「AUSTRALIAN MADE」綠色三角袋鼠標章的健康食品與保養品，產品品項多達四百多種，銷售網遍布澳洲及全球十四個國家和地區。

Alex是Nature's Care的創辦人，他不是澳洲人，也不是歐洲或美國籍。

Alex來自台灣，中文名叫吳進昌。

這座位於國家公園內的世界級多功能製造廠，是Nature's Care的新廠，在二〇〇五年中，歷經千辛萬苦才落成。西裝筆挺的吳進昌就像每個員工一樣，脖子上掛著識別證，進入公司大門、搭乘員工專用電梯、巡視生產線，無須專人開門，哪個部門有需求就往哪個部門跑，與員工交談間不時冒出幾句冷笑話，完全沒有老闆的架式與派頭。

在他位於二樓的辦公室裡，木質地板呼應著企業的質樸特色，書櫃中央擺滿了自然生態保育協會出版的《大自然季刊》，以及許多生態的相關書籍；兩旁的玻璃櫃裡，陳列各式紀念品，門邊的櫥櫃，掛著他隨時進出生產線穿著的白袍。大桌上放著隨時運用的行事曆和計算機，桌面堆積著各部門等待核可的公文，一旁的筆電，是他隨身攜帶的電子資料，而小桌上的電腦則是他查詢電子郵件、股匯市與各項新聞資訊的工具。

吳進昌穿上白袍，走向二樓另一端的研發、品管、微生物檢測三個實驗室。這裡是生產線的起點，也是品質控制中樞。任何概念化的新點子都必須走進這三個實驗室，走得出來的點子，才能轉化為實際的產品，並且在進入消費者手中前，得再回到這兒做最終產品的監測。

實驗室一角，堆放一箱箱Nature's Care的不同產品，等待進倉庫存放。藥管局規定每一批製造完成的商品必須留下樣品，保留時間依該商品的保存期限再加一年，若在保存期間內遇到有消費者使用糾紛，便可拿出樣品作為比對，為消費者和廠商建立產品品質的保障。

Nature's Care當初以羊毛脂產品開創事業版圖，就是靠著嚴格的品管和良心，才能不斷受到消費者肯定，如今已是跨足健康食品、保養品、嬰兒護膚品的跨國企業。

Jina每天總是依循著固定的路線，開車沿著風景優美的公路上班，蔚藍的天空，清澈的連一點白雲都沒有，路旁有著四季都充滿不同生命的花在綻放著，此時Jina的心中總是滿滿的感恩目前所擁有的一切。雖然是在公路上，卻一個喇叭聲也沒有，安靜的好像怕會吵醒大地一樣。而這一切都不是與生俱來的，不是理所當然的，Jina深知，環境若沒有靠大家的維護，就不會有這種賞心悅目的景象。

開了公司大門，Jina讓車速緩慢下來。看著這一大片薰衣草園，看著工廠四周這些逐漸茁壯的樹木，不得不佩服與她生活近三十年來的男人Alex。他實在不像個生意人，有哪個生意人不評估商業利益，竟然花了好幾年不惜代價蓋了這間五星級的廠房。有限的資金，不搶著先去購買生財的機器和設備，卻全花在環境的保護、整理和員工的良好工作環境上。

Jina常被這些周遭的環境所感動，回想自己二十出頭剛認識了Alex，她以為將來可作Alex的天使來牽引他、照顧他。但經過了近三十年的時光，他對她無微不至的呵護、照顧與包容，給了她一片自由的天空，此時Jina才恍然，原來Alex才是她的天使，可以嫁給他是多麼有福氣。

Jina就是吳進昌的太太陳素珍。

Jina將花園裡摘採來的薰衣草放入壺中，淋上熱水。綠色花梗和紫色花瓣遇熱慢慢滲出藍紫顏色，同時透出淡淡的薰衣草香。薰衣草茶，融入了她對自然的愛與關懷，也融入了她對人的真誠關愛。

一位女員工進來辦公室找Jina，Jina看見她下巴長滿痤瘡，立刻從抽屜裡拿了一瓶蜂膠給她，交代她每天晚上要擦，皮膚很快就會改善。接著，人事主管進來，談起了公司裡某一對員工夫妻正要貸款買房子的事，他們需要公司薪資證明，順便要求是否可以加薪。

Jina說：「公司的薪資結構不能說改就改，我會跟Alex討論看看，或許改以發放獎金來幫他們減輕生活壓力。」

「其實貸款買房子是他們自己的事，公司的待遇已經不錯了，他們自己應該找人來做一下財務規劃。」人事主管說。

「話不能這麼講，」Jina說，「在這間公司裡，每個員工我都把他們當家人看待。」

Jina脫口講出這句話時，自己心裡也冒出一絲絲的暖意，讓她誤以為那是薰衣草茶所殘留的溫暖。雖然有些人會說，妳的許多作法都不像是一個老闆娘在做的事，但是Jina並不以為意。老闆娘只是她的身分之一，無論她用哪一種身分在面對不同的人，她都很清楚瞭解，只要她覺得對別人好的事，就應該盡力去促成。

和往常一樣巡了一圈，和幾位同事討論及交換意見後，吳進昌返回辦公室，脫下白袍。落地窗旁，放著他近年來熱衷的運動——高爾夫推桿練習器具，角落矮櫃上，則是吳進昌最珍視的生活記錄，包括Nature's Care數度獲獎的榮譽、與聖嚴法師的合照、家人一同參與活動的照片等；維多利亞式的會客茶几與沙發佔據落地窗另一角，幾盆簡單的盆栽，為辦公室帶來畫龍點睛的柔和之意。

牆上一張合照，讓吳進昌的目光停頓了一會兒。照片裡，兩個孩子笑得燦爛天真，老婆臉上洋溢著幸福與滿足。

吳進昌喝下Jina為他沖泡的暖暖薰衣草茶，心頭湧起了Jina常告訴他的夢想。

「我下午沒什麼事，妳提過夢想在獵人谷擁有自己的酒莊，現在那邊有一個酒莊要賣，我們去看看！」

Jina喜悅的心情真是無法形容，擁有自己的酒莊，之前那是一件多麼遙遠的事。

Alex與Jina坐在車子裡，賓士車在高速公路上奔馳著，雪梨往獵人谷的景觀盡是叢林，偶爾交雜著海灣映現的一抹綻藍水色；晴朗無雲的天空，為冬季帶來濃濃暖意。沿途看不完的美麗景緻，讓兩人的閒聊話題總能增添不少欣喜。

喜歡思考的Jina，累積了許多夢想，但她總是放在心底的深處，未曾刻意去追尋，但她覺得自己的確很幸運，因為那些沒說出口的夢想多半都能實現。

夢想，是驅使許多人向前的動力。

小時候，Jina期待自己有個和樂的家庭。這個願望父母替她實現了。

結婚前，她的夢想都是一個人編織的，結婚後，Alex與她共同編織起夢想的大網。

獵人谷，另一個她不敢說出口的夢想。

這幾年來每年都要往返獵人谷好幾次，每次去就捨不得離開這個彷彿是前輩子的故鄉，這個故鄉總是在大自然中的環抱中，生生不息的延續著，過去的是甘蔗園圍繞，現在的是葡萄籐蔓延著。

每次到了天黑該離開的時候，Jina心頭總是會有那麼一點的牽扯與懸念，腳步變得沈重，Alex總是說「我們要到下一個酒莊啦！」直到了車子已上了高速公路才死心的離開，而這一次擁有它的日子不遠了！

無悔的愛

Part 1

「我是龐德，Alex龐德」

吳進昌自小家境並不寬裕，但生活卻過得相當有趣。

小時候，吳進昌的父親是花蓮木瓜林區管理處技工，家中有四個男孩子，和一個收養的女兒，一家七口生活非常艱苦，母親經常需要四處打零工貼補家用。辛勤工作的母親，深深影響著他。

我媽媽什麼工作都做，捕魚網、種橘子、養豬，家裡的一甲山坡地，都是媽媽一個人照顧，其實那只能賺一點點錢。

幼年時期的他就像典型的男孩子一樣頑皮，自己刻陀螺、玩酒瓶蓋，沒東西玩的時候，就和鄰居同學追逐別人飼養的小雞小鴨，頑皮小男孩會做的壞事，他幾乎都幹過。

打著赤腳和原住民一起上文蘭小學的吳進昌，自認為是班上最愛玩、愛搗蛋的學生，沒想到高年級時，被班導師李勝賓挑選為課後輔導升學的學生。

我讀的是山地學校，根本不重視教育，小學能畢業就不錯了。

當時山地學校提供營養午餐，每天都是饅頭加大鍋菜湯，中午吃剩的，就留給晚上補習的學生；傍晚蚊子很多，我們就趁午睡時去河邊砍一種驅蚊草，放在教室外晒乾，黃昏上課前點火燻一燻，蚊子就不敢來。

李老師沒有放棄這些升學率低的學生，放學後補習不收費，他對學生的奉獻，吳進昌永遠銘記於心。

吳進昌眼見自己的大哥念到初一就得放棄學業赴台北工作，為幫助父母維持家計，升學時盡量以不增加家庭開銷為考量。除了學費外，從鯉魚潭家裡通勤到花蓮市的交通費也是一項負擔，於是吳進昌決定以半工半讀方式就讀花蓮高工夜間部。

「我念的是化學，在實驗室學習有機化學那段生活，是我最感興趣的日子；」當時老師在課堂上教授如何釀酒、做肥皂，吳進昌便學以致用，自己嘗試轉換調味，釀製李子酒、梅子酒，了解油鹼皂化的基本原理，創造不同配方觀察產品變化，心得滿滿；雖然高三那年報考軍校，但對有機化學實驗的深刻印象，也間接奠定了日後創業的專業基礎。

求學時期為了生活打工的吳進昌，高工三年什麼工作都嘗試，當時瓦斯不普遍，他送過木炭、人造炭。花蓮出產大理石，他也學刻字，將書法家寫好的墨寶貼在石碑上，描繪後以電鑽刻寫各類碑文，「花蓮還有幾個公園的紀念碑就是我當年刻的，現在回想起來仍覺得很有趣。」

高工讀的是化學，雖然我很喜歡在實驗室裡研究，可是考慮到家裡經濟條件無法繼續上大學，最後還是決定報考軍校。

當時我考慮考官校當飛行員或是讀憲兵學校，想到考上飛行員的機率不高，而自己對國術功夫很有興趣，當憲兵可學武術又很威嚴，就報考參加甄選。誰知還要進行家族三代的身家調查，當時我媽還問我是犯了什麼錯誤呢！

吳進昌如願考入憲兵學校，成為第二十四期專修班學員，他才念完高三上學期，在村里鄉親放鞭炮歡送聲中，北上從軍。

在軍校一年的學習生活後，他在同期一百三十二個學生中，以前十名的優異成績畢業，因此得以留在憲兵學校中擔任幹部。但愛好刺激的吳進昌，沒多久就發現憲兵學校生活乏味，於是寫信到憲兵司令部，表明志願到當時沒人願意去的金馬前線，結果如願地被派到馬祖擔任調查官。

在馬祖期間，吳進昌隨著司令官，從事大陸難民偷渡及漁船非法靠岸等事件調查，並執行通信等工作，藉此可以四處遊走的生活，讓靜不下來的吳進昌如魚得水，表現也屢獲長官肯定。

一年後，吳進昌被調回台灣，進入國安局特勤中心。由於泰國發生政變，被迫下台的執政者巴博元帥，帶著流亡政府來到台灣，吳進昌隨即被指派為其護衛隊組長。巴博元帥在台灣流亡了三年，正是吳進昌憲兵役期的最後三年。身為組長的他為確保維安工作品質，吳進昌還到不同單位接受情報工作訓練，透過這些經歷，養成了他細微敏銳的觀察力與學習力。

由於巴博元帥在泰國的資產被凍結，流亡台灣後期則仰賴外界的接濟，但生活仍舊多采多姿。總是跟隨在巴博元帥身邊的吳進昌，隨著在風月場所進出有了歷練，不但練就不易喝醉的本領，面對美色也不會暈船，「看多了就知道不過如此。」吳進昌說。

三年來的相處，吳進昌與巴博元帥建立良好友誼，他的英文名字Alex，就是巴博元帥替他取的。

由於泰國法律規定不能逮捕出家人，巴博元帥後來決定以出家人的身分返回泰國。那時候吳進昌曾思考著未來的方向，若繼續留任軍職，可赴美參加情報工作深造，但家人反對他繼續從事如此危險的工作，希望他考慮退伍做點小生意。於是他將這個考量告訴巴博元帥，巴博很誠懇地對吳進昌說：「你看看我，軍旅生活讓我淪落到如此的地步，你應該好好去當個生意人，享受一點自由。」最後並附上一句：「要做生意可到泰國來找我。」

當時二十四歲的吳進昌，看到巴博元帥一生境遇的起伏，自己也不想在派系鬥爭的行伍裡繼續掙扎，於是決定退伍，先赴泰國尋找合適的創業機會。

抵達泰國後，吳進昌原想透過巴博元帥的人脈進行藍寶石買賣，三個月後，與他私交甚篤的巴博元帥姪子，也是當地一個電視台台長，在一次視察行程中被槍殺，讓吳進昌對留在泰國創業頓時心灰意冷。

之後吳進昌回到台灣，幸好當初決定離開泰國，才有機會開展他完全不同的人生道路。

在過去那個意氣風發的年少時代，於從商和情報工作抉擇中，他選擇了前者。然而，在他的血液裡，還留著那股諜對諜的緊張與刺激，後來也只能透過〇〇七系列電影情節得以抒發，自己就像那個西裝筆挺、風流帥氣的男人，輕吹著槍口、眼神堅毅地說：「I'm Bond, Alex Bond.」（我是龐德，亞歷士龐德）

「我要嫁給你」

從泰國回來，吳進昌就到大哥在台北的營造公司裡擔任監工的工作。有一次，吳進昌大嫂的遠親，在偶然機會下見到吳進昌後，開始產生「丈母娘看女婿，愈看愈有趣」的好感。

「我當時住在大哥家，或許是岳母見我是一個單身漢，房間還很整潔而欣賞我吧？」吳進昌說。

這位遠親後來便找機會，將自己的寶貝女兒陳素珍介紹給吳進昌認識。

陳素珍出生在嘉義，父親是嘉義蒜頭糖廠的員工。她是家中的老么，上面有一個大哥和三個姐姐。生長於純樸的嘉義鄉下，在被甘蔗田圍繞的糖廠自然環境中陶養，因而陳素珍自小就擁有關心人、幫助人的真誠個性。即便後來他們舉家遷居台北，雖被大都會的冷漠與繁華所包圍，陳素珍的內心深處仍保有孩童時代愛與關懷的特質。

「我對她的第一印象非常好，她是個很純靜、溫柔、內向的女孩，交往後更發現她的勤儉和孝順，將來絕對是個賢妻良母。」笑稱自己當年條件比較好、追求者眾的陳素珍，發現吳進昌是個溫暖又熱情的人，「我們的個性雖然不同，但剛好是可以卡在一起共同運作的齒輪。」兩個才二十出頭的年輕人就這麼開始交往。

在營造公司做監工，工作相當繁重。吳進昌經常得往來工地奔走，過多的應酬加上辛勞的工作，讓吳進昌在兩人交往一年多後因胃出血住了院。

陳素珍當時覺得很不可思議，他這麼年輕怎麼會胃出血？她除了心疼，也很用心的叮嚀與照顧他。

不料，出院才一個月，吳進昌騎機車去淡水看工地時，竟和對向另一輛機車相撞，因傷到下顎情況非常嚴重，需轉診至榮總或國泰醫院開刀住院。

在手術室中開刀時，焦急的陳素珍守候在外，與前來探視的吳進昌胞弟談起哥哥幼年的時候是少不經事、逞強愛現、自以為是的個性，但陳素珍卻想著，他孑然一身在外打拼，又不想讓遠在花蓮的父母親操心的艱苦處境，或許是她心中的巨蟹座母性本質在作祟，陳素珍心裡竟湧起一股想要照顧他、牽引他的念頭。所以，當吳進昌從手術室被推回病房時，陳素珍在病榻前止不住淚水跟他說：「我要嫁給你。」以她含蓄害羞的個性，竟然做出這麼重大、勇敢的決定，真的是讓人無法理解，連吳進昌也非常驚訝，這或許就是所謂的「姻緣天註定」吧！

在手術室裡的那幾個小時，是吳進昌人生最低潮的時刻。他工作沒有成就、收入差，拼命工作到胃出血，還沒完全痊癒卻又歹運出了車禍，沒想到，陳素珍在他的人生谷底帶給他新的希望，那一刻，他的世界好像在被手術麻醉的黑暗中，看到了一道耀眼的彩虹。

「當我躺在醫院最困難、最需要的時候，只有她疼惜我、照顧我，讓我非常感動。」吳進昌後來開玩笑的說，追女生用苦肉計也很有效的。

陳素珍用自己的青春與人生作賭注，自告奮勇要做吳進昌生命中的天使。這對情侶其實才交往一年多，卻決定要將兩個個性互補的靈魂，一輩子綁在一起。

在病床上互許終身後，牙床斷裂需要矯正整形的吳進昌，整整一年只能吃流質食物，陳素珍這時候已盡起了未過門妻子的本分，不離不棄的陪伴在他身邊照顧他，直到復健完成。

離開醫院後，患難時的承諾要兌現了。把女兒介紹給吳進昌的媽媽，跟父親一樣，都不願意看到女兒吃苦，但禁不起女兒的堅持，兩老仍然尊重她的決定。

兩個從鄉下來的年輕人要結婚了。

那一年吳進昌二十八歲，陳素珍二十三歲。即便兩人的薪水微薄，也沒有很好的人際關係，兩人用媽媽給的十萬元開始籌備婚禮。第一個買的東西是陳素珍喜愛的電子琴，就花掉六萬多元，而必用的傢俱，有些是親友送的，有些是買便宜貨的，並向表哥租個位於天母小公寓，就準備結婚了。當時吳進昌還特別選在最熱門的五星級飯店——中泰賓館，熱熱鬧鬧的舉行婚禮，為了是要給這位上天派來照顧他、如天使般純真善良的老婆，有一個風風光光的婚禮。

守護摯愛，共築移民夢

陳素珍一直覺得自己很幸運。

新婚時的小夫妻雖然經濟上擁有不多，但吳進昌卻能在各方面滿足妻子的感受與需要，小時候單純的夢想，在兩人簡單卻甜蜜的家庭生活中，實現了。

回想剛結婚的那段期間，原本是薪水微薄的上班族，每個月薪水扣掉房租和基本開銷後，眞的是所剩無幾。有一次電力公司來收電費，家裏上上下下都找遍了，竟然湊不出一百多塊，只好請收費員先回去，明天自己再去公司繳。

那時候雖然沒錢，但是結婚後Alex把菸酒都戒掉了，薪水袋都原封不動的交給我，所以一點都不覺得苦，反而樂在其中，後來習慣性的每個口袋、抽屜都會放一些錢，以備萬一。

剛結婚時，由於經濟基礎差，我們等了兩年，才懷了第一個孩子。

有一次照超音波的時候，吳進昌很開心地跑去跟我爸說「是男的」。對一個男人來說，有一個兒子絕對是異常興奮的事。不過，我懷孕時孕吐非常嚴重，幾乎整個懷孕過程都無法正常進食。

「她的狀況讓我很捨不得，曾經什麼都不能吃，身體非常虛弱，偏偏又是孕婦，只好到醫院打點滴補充營養。害喜的媽媽眞的很可怕，每天總會想吃一些奇奇怪怪的東西。」

「有一天她告訴我想吃河裡的『溪哥仔』，花蓮老家有很多這種魚，我就打電話回花蓮，爸爸專程送到台北給她吃。只不過吃了兩次之後，她又無法再吃了。」

「過一陣子，她終於又對食物有了興趣，這次是羊肉爐。那個年代沒有冷凍調理包，那時候還是炎熱的夏天，我在太陽下四處奔走打聽，終於在圓環找到賣羊肉爐的攤子，興沖沖買了一份回家，誰知她吃沒幾口又吃不下了。之後就這麼折騰到孩子出生。」

初為人父的喜悅，在見到妻子的痛苦後，讓吳進昌五味雜陳。由於妻子向來與公婆的互動良好，長輩也不時以電話關心詢問。大兒子出生後，家中經濟壓力變大，他們思考著改變環境的可能性。

陳素珍擔心以兩個人上班的薪水養不活孩子，於是她辭掉了紡織公司財務助理的工作，透過朋友協助，與同學開始在敦化北路與民生東路一帶擺地攤賣成衣。

心地善良、平易近人的陳素珍，雖非舌粲蓮花，卻因獨特的眼光與說話中肯，獲得不少顧客的青睞，慢慢做出了口碑與成績。

「客人多起來的時候，有的客人還會主動幫忙，擺地攤的經驗是我生平以來第一次接近客人，讓平常害羞的我懂得如何和客人互動，只要是眞心誠懇的待人，最後客人一定被感動。」

排除跑警察的困擾外，經濟起飛的都會區，成衣市場確實有其需求，於是吳進昌也辭掉工作，負責擺攤前的運送與結束後的收拾工作。這期間，陳素珍看到擺攤地點附近有個金融聯誼會，每天都有司機開著賓士大轎車載著老闆們來來去去，她當時想，「他們好氣派，還有人幫忙開車門，說不定我也會有那樣的一天。」其實那只是個不切實際的好玩想法，也是透過欣賞而發自內心的讚嘆而已，她從未說出口。知足的她，不羨慕他人錦衣玉食的生活。

為避免大盤商提高批發價剝削利潤，吳進昌開始四處尋找貨源，卻發現貨源都掌握在工廠手中。同時，他也看到了成衣販售的利基點：若自己生產製造成為供貨商，就不必擔心通路因削價競爭而造成利潤損失。

於是，勇於挑戰的吳進昌開始以國外的服飾樣品自行設計，自己買紗、布匹等原料，再區分為織片、縫合、剪裁等不同類別交由工廠代工，開始成為成衣批發商。轉做成衣批發後，工廠做好的商品就送到家中存放，像倉庫一樣提供盤商取貨，有些則是吳進昌負責運送。

當時台北的交通很差，吳進昌都是利用傍晚先送至各大夜市商場給中盤商，再到二十四小時不停機的各家代工廠巡視，看打樣、發工資，往往直到凌晨兩、三點才能回到家。

那幾年的成衣生意做得很好，某些受歡迎的款式製造量高達十萬件以上，加上投資成本少，批發買賣都是現金交易，為吳進昌夫妻累積不少進帳，不但擺脫租房子的生活，擁有了屬於自己的住家，又買了一個巷子裡的店面，讓他相當的自豪。

原本一貧如洗的窮小子，果然在成家立業後闖出了一片天。

同樣的孕吐過程，到了懷第二胎時又重演一次。和老大一樣，老二也是不足三千公克的男孩子，得來實在不易。吳進昌對妻子滿是憐惜與疼愛，孕育新生命的過程如此艱辛，讓他深深體會建立家庭的不易，而能成為一家人生活在一起，真的要好好珍惜一輩子。

「那時的我三十歲，覺得已是全世界最滿足的女人了，擁有了幸福的家所擁有的一切。」

一九八〇年代，台灣經濟起飛，中小企業如雨後春筍般崛起，除了創造驚人的外匯收益外，也使股市逐步突破萬點，百業欣欣向榮。在台北從事成衣加工的吳進昌夫妻，也抓住這波商機，為自己累積了一筆資金。隨著第二個孩子的誕生，一向以家庭為重的吳進昌開始思考，他能為下一代提供什麼樣的生活環境？

來自花蓮鯉魚潭的吳進昌，對五光十色的台北，其實一直隱隱感到不安。他是個在自然環境中長大的孩子，好山好水陪伴著他走過童年，大自然的豐盛與神祕，也許造就了他勇於挑戰與敢於嘗試的個性。

然而即將陪孩子成長的台北市呢？交通擁擠、空氣惡化、街頭抗爭不斷，陸正綁架撕票案後兒童被綁事件四起，治安亮起紅燈，中小企業主人心惶惶，深怕下一個是自己的寶貝孩子；填鴨式的教育與聯考制度，對孩子更是一種難以承受的壓力，這些因素，讓吳進昌夫婦感到憂心。

即使成衣事業如日中天，吳進昌也無法預視到美好的前景或生活品質，既看不到未來，更擔心眼前的繁榮興盛可以持續到幾時。向來喜歡主動接受挑戰的吳進昌，在走過馬祖、泰國之後，決定再給自己一次考驗：離開台灣，向海外移民。

「我仔細想過，我們夫妻倆都沒有顯赫的家世背景，留在台灣，能給孩子的著實有限。台灣在這時期也興起一股移民潮，我在年輕創業時就去過泰國，往海外發展對我並不陌生，所以我就和素珍認真商量移民這條路。」

心靈歸屬在異鄉 Part 2

思鄉情，異鄉路

當他第一次告訴我想移民，可能那時年紀輕，沒特別感覺，也沒多思考離家到一個完全陌生的環境可能遇到什麼狀況。而且沒有雄厚的資金，英語也不會竟要移民到英語系的國家。現在想起來，眞的替自己的決定捏了一把冷汗。然而，身爲一個妻子與母親，嫁雞隨雞，我也支持丈夫爲孩子著想的心，我們就這樣開始考察適合移民的國家。

那個年代，台灣人以移民至美國、加拿大為主，吳進昌與陳素珍考察兩國之後，原已選定美國洛杉磯的郊區，並準備辦理相關手續。從美國回台後，碰巧岳母的鄰居也剛結束紐澳之旅，聽到這對年輕夫妻有了移民計畫，就推薦兩人可到紐澳試試，於是他們從善如流，再赴紐澳考察。

一到紐西蘭，吳進昌發覺這地方實在太靜了，商業活動不發達，確實是養老的好選擇。但才三十出頭的吳進昌正準備在事業上大展身手，他懷抱著到異國創業的想法而移民，並不是來這裡退休的。

紐西蘭隔壁的澳洲，則給他有了不同的希望。

「澳洲面積是台灣的兩百多倍，那麼大的土地相當吸引我，總人口只有一千八百多萬，比台灣還少一些。工業活動雖不發達，但農牧業資源非常豐富，我想，如果在此製造一些產品應該很有機會，有很大的發展空間。」當年也有不少台灣人選擇移民澳洲，就時差與距離而言，澳洲略勝美國一籌，吳進昌更打趣說，小時候從花蓮搭「自動車」走蘇花公路到台北，車程要八個多小時，相較之下坐飛機到澳洲其實並不遠。

澳洲衆多優點中，吳進昌看到了一項商機。他認為，觀光業發達的澳洲，每個旅遊點的特色產品乏善可陳，免稅店及禮品店的商品種類寥寥可數，欲採購伴手禮餽贈親友的觀光客，選擇性相當少，這正是他的機會。

經與親朋好友多方商量後，夫妻倆決定改變方向，舉家移民前往南半球澳洲第一大城雪梨。

當時移民分爲技術移民和投資移民兩類，前者是高學歷、有專業技術，還需要有人僱你工作，才有機會通過，我們只能申請投資移民，還好當時的門檻不高，只要澳幣六十五萬，並在當地設立公司即可，那時澳幣與台幣的匯率爲一比二十，這一千三百萬台幣正是我們手上的所有。我們不是資金雄厚的企業家，而是將台灣辛苦多年的儲蓄帶到澳洲重新開始，因此沒有失敗的本錢，並且需要有破釜沉舟的決心。我們眞的是背水一戰。

撰寫移民申請書前，吳進昌相當認眞地考察與規劃過，他想要以當地天然的原物料資源，為自己的澳洲創業擬定三個大方向：羊毛、羊毛脂和礦業。

移民申請順利通過，手續辦理完成後，帶著簡單的家當及六歲的大兒子與十個月襁褓中的小兒子，以及投資移民所需最低限額資金，在一九九〇年元月五日搭上飛往雪梨的班機，航向八千公里外、與家鄉季節相反的南半球，展開一家人嶄新的人生旅程。

抵達雪梨時，正值澳洲的夏天，前一年十月，他們已先在雪梨買了間房子，由於還沒整理妥當，一家四口便暫時借住在吳進昌表哥夫妻租的公寓。

受台灣大同公司派駐雪梨的表哥夫妻，不但提供我們臨時住所，表哥的奮發向學與敬業，表嫂的刻苦勤儉，更是我們夫妻學習的榜樣。

居住於表嫂家期間，孩子還很小。有一次，我與表嫂到果菜批發市場買菜，走在炎熱的太陽下，好不容易跨過了天橋走到車站準備要回家的時候，表嫂突然想起有一把蔥忘了拿，當時我手裡抱著小兒子，表嫂的手裡提滿了菜，我們再花十五分鐘走回去拿那把蔥。這把蔥的故事，在往後的日子裡，我經常拿來教育孩子，表嫂這種勤儉的美德和對我們無微不至的照顧，讓我們全家人都很尊敬。

剛到雪梨，表哥因工作的關係，引見我們認識一些也從台灣移民來的台商。一位從事建築業的好友到雪梨已有數年，吳進昌本以為他可以以過來人的經驗，分享一些有用的移民創業資訊或建議。鄉親們看到我們這麼年輕，孩子還都這麼小，就語重心長的向吳進昌勸說：「以你們這年齡，來澳洲太年輕了，考察後把妻兒留在這裡就好，你留在澳洲太可惜了。」

這番話對吳進昌來說，猶如晴天霹靂，三十六歲的他原本幻想著美好移民生活，不但可釣魚、打球，還有好工作並能兼顧小孩，像在天堂一樣的享受，沒想到在台灣穿來的厚外套還擱在一旁、行李還沒打開、時差還沒調整的情況下，冷不防被潑了一大盆冷水。

原來，當時正是澳洲經濟景氣最差的低谷，雪梨亦不例外。有位好友投資的不動產全被套牢，興建了一片住宅原想賺上一筆，卻受景氣影響賣不出去，最後只好照原價賠售給政府當作員工宿舍，他以自己慘痛的切身經驗提供給吳進昌一個忠告，建議他在澳洲玩玩就好，但看到吳進昌一臉錯愕的反應，好友便立刻提及他的工地需要聘請監工，如果吳進昌有興趣，他願意雇用。

澳洲季節與北半球的台灣相反，夏天是在每年的十二月至二月。儘管當時雪梨的夏夜沁涼如水，微風徐徐，陳素珍那晚卻徹夜輾轉難眠。

澳洲創業這場仗不是這麼容易打，絕對是場硬仗。因爲景氣差，澳洲的存款利息最高曾達百分之十八點七五，當時很多移民光是仰賴利息過日子就綽綽有餘。

但我們帶著孩子來，就是希望能落地生根，如果不把基礎做出來，一轉眼邁入四十，連鬥志都會喪失。

移民的目的，不只是給孩子良好的教育與生活環境，更希望自己能做出一番成績，交棒給下一代。我要爲孩子準備釣竿，教導孩子釣魚的技巧與知識，更希望爲他們圈起一個石滬，順著潮起潮落帶來更多魚群，在這塊土地上永續經營。而這個美麗的夢，卻被移民來的前輩和下午四點多走在街上就一片寂靜的情景打碎了。

剛到雪梨不久，正值農曆新年，走在雪梨歌劇院一帶，看到了台灣來的旅行團，陳素珍忍不住紅了眼眶。她與先生是帶著希望來到異鄉，卻看不到讓希望播種的土壤，一家人頓時像飄零的浮萍，找不到落地生根之處，極大的不確定感，讓此時的她分外想家。

澳洲的社會福利很好，除了有牛奶金、養老金、失業金、學習津貼外，對剛來的移民也開辦免費的英語學習課程，前半年Alex白天要做市場調查，就利用晚上時間去學英文。我白天就帶著二兒子Jack去上課，上課的四個小時，Jack就在免費的托兒中心和其他小朋友玩，怕生的Jack，四個小時幾乎都是在哭著要找媽媽，弄到了最後母子都哭了，再也無法丟著他去念書了，現在我都會跟Jack開玩笑說，都是因爲你，媽媽的英文才會這麼差。

剛到澳洲的時間，每分每秒都很煎熬，除了思鄉外，還要適應新環境，又急著想創業。過了半年，吳進昌想到必需要開始工作了，那怕是當油漆工或工地的監工，他也積極從報紙上找要脫手的雜貨店、豆腐廠或成衣廠，有任何生意可做的都不放過，並且意志非常堅定的跟老婆講，即使打零工也不會空手回台灣。

感恩的心

移民澳洲，有一半的理由是為了孩子。

為了節省接送小孩子上下學的時間，能有更多時間全力投入事業，並可兼顧孩子們的教育與生活，吳進昌移民前即在雪梨北郊Killara買下一間距離小學五分鐘路程的房子。不過，買屋加上改建費用，花掉他們帶來的三分之二創業資本，銀行戶頭裡剩下的不到二十萬澳幣，就是兩人僅存的一點本錢。

Killara這個小城鎮位於雪梨的上北岸，闢始發展於一八二一年，曾被當地的原住民稱為「永恆持久之地」，一八九九年被正式命名為Killara。小城設計之初，並沒有計劃發展做為商業城，因此也被稱為「紳士之城」，居民大都是來自英國、紐西蘭、南非、香港和台灣的移民。

吳進昌夫妻倆移民前來看房子時，是透過一位華人的仲介介紹的，他們在Killara靠近Lane cove國家公園附近，看到一間原屬於當地澳洲人的房子。看房時，隔壁鄰居有位太太Margret出來打招呼聊天。原來這位華人仲介與Margret是朋友。

陳素珍覺得可能是緣分的關係吧，雖然之前也看過其他條件更好的房子，但是因為Margret的友善與親切，最後夫妻倆決定買這間後院和Margret家後院相對的房子。

一九九〇年二月，他們搬進新家，花了一年時間加建了兩個房間和一個小廚房，為了彼此能互相照應，就請表哥表嫂一起過來住。

Margret對吳進昌夫婦的第一印象非常不錯。

「他們一家人來看房子時，是一對年輕的華人夫妻帶著兩個孩子，讓我的眼睛為之一亮。」

回想起兩家人的初識，Margret說：「我自己是過來人，知道移民的辛苦，加上我很喜歡小孩，兩家人的孩子也因而經常玩在一起。」

緣分是很奇妙的！我們兩家人一見如故，從此也結下很深的緣分。

鄭醫師一家人無論在生活起居或對外的溝通（語言關係）上，都全力的協助與照顧我們。甚至後來我們向鄭醫師家人提到我們的創業構想，他們夫妻也馬上幫忙連絡生產護膚保養品的朋友，在異鄉遇到熱心的好鄰居，讓我們覺得好溫暖、好溫馨。

鄭醫師家還有兩個很優秀的大哥哥，總像照顧自己弟弟般的照顧我們的兩個孩子。這樣的友情是一輩子存在的，這樣的恩情是永生難忘的。

移民異鄉，能遇到好鄰居，真的是很大的福氣。

Margret的先生鄭醫師，是一位華僑醫生，二十年前由緬甸移民至澳洲。他深知初到異鄉那種人生地不熟的惶恐，加上語言相通的特殊情感，很快就成為吳進昌一家人初抵澳洲的最大助力。

Margret的個性熱情，擁有好廚藝，每次她家請客都會邀請我們參加。有一次鄭醫師的生日，她們請幾個從緬甸來的同鄉到家裡吃飯，我們同時也被邀請，同樣都是來自海外的移民，因此都很關心我們這對這麼年輕的夫妻，聊天當中有人問起我們有何打算，知道我們正在摸索著如何在這裡創業，也聊到澳洲有一種特產品，亞洲人很喜歡，我們正想找這方面的原料或貨源。

鄭醫師有一位同鄉在一家知名的化妝品工廠工作，透過他及Margret的引介下，吳進昌找到了這一位瑞士籍的化工專家Rene，他的專長是保養品製造，後來他取這位顧問的名字，並加以修改為成為「Leimei（蕾綿）」，當做為首度生產的羊毛脂系列產品的品牌名稱。

為了設立公司、尋訪客戶和原料供應商，吳進昌必須帶著不太熟練的英語走出門，還好，有Margret剛上大學的兒子David擔任吳進昌的翻譯，讓這些事情都能順利的進行。這也讓吳進昌充分體驗到俗語所謂「遠親不如近鄰」的道理。兩家人只隔著一道約三公尺寬的排水溝，後院與後院相對著，頻繁的互動和熱情的相助，更拉近了兩家人的心。

二十年前的澳洲商業活動很保守，市面上也沒有很多有名的品牌，澳洲因為地廣人稀，連進口品牌也很少，由於澳洲有這樣的短缺，因此讓有市場概念的夫妻倆找到了生意的商機，就是利用澳洲無污染的原料，加上研發專家及台灣的經營行銷經驗，接下來再來就是要找包材。

一開始吳進昌帶著很破的英文加上比手畫腳，尋找包材還是到處碰壁，到後來變成沒有信心出去了。於是陳素珍就抱著孩子跟著出去，陪他壯壯膽，但小Jack卻經常在車上吐奶，吐得整車都是味道。一段時間過去仍然沒什麼進展，當時覺得非常挫折，最後不得不回台灣尋求外貿協會的協助，才渡過關卡，順利找到包材。

第一批的羊毛脂產品在一九九〇年底上市，然而早期台灣包材製造並不是很有規範，品質也不太穩定，但為了公司的信用及對客戶的承諾，他們毫不氣餒地再回澳洲找，最後找到一家規模很大的瓶子公司供應商，雖然當時所訂的數量，無法符合供應商最低訂量的要求，但當時的業務經理Bruce，卻破例讓他們訂購，後來連供應商也沒料不到一年以後的訂貨量，竟然幾乎佔了他們公司的一條生產線。

第一批包裝瓶罐到位，吳進昌夫婦即趕工生產，並開始對外販售產品。

第一張訂單僅澳幣一百三十九元，是住在雪梨南區的一個朋友訂的，眞的要感謝他對朋友的眞誠信任，也要感恩他們的情義相挺，如果不是這樣，他們怎麼敢買一個外行人做的產品，只因他要支持朋友，有了他的鼓勵，我們更不能辜負他，更要做出比專業還要好的產品。

後來透過鄉親的介紹，認識了免稅店的老闆，老闆知道有供應羊毛脂產品的廠商，意識到可以吸引觀光客的購買興趣，看了樣品之後，馬上每種產品各訂五箱，吳進昌夫婦當下都愣住了。

後來Leimei的羊毛脂產品，在華人免稅店及禮品店成為第一品牌，回想起來除了地利及人和外，天時也是非常重要的，那個時期湧進了大批從香港或台灣來的移民。

台灣移民大部分是做生意的大老闆，或擁有專門技術的醫生、工程師等，他們移民的目的，不外是爲了孩子的教育環境，或是想投資生意，或靠專技謀生，這些人大都已經有穩定的工作或是握有大筆資金，有的在台灣仍在經營事業，不需要從頭開始。幾乎很少有像我們這樣資金不多、學歷不高、沒有背景，又是舉家移民，我們根本沒有回頭路，只能硬著頭皮落地生根求生存，期望在異鄉做出一點成就。

「出外靠朋友」這句話對於異國創業的Alex絕對是會有相當的認同，因爲鄭醫師一家人的協助，得以很快的安家。因爲他們幫忙介紹化工專家Rene，讓羊毛脂的生產得以順利開始。更因爲好友張輝雄的相挺，把他的廠房，以超便宜的價格分租給我們當工廠，讓我們的生意，可以順利開展。

原先的廠房離住家很遠，來回需花費很長的時間，以致於常常一天的睡眠都不到四小時，大人辛苦小孩子也跟著累。但是若回想剛開始到處找商機，到處投問無門的那種煎熬，相較之下，我寧願每天忙到沒有時間睡覺，那時候的小小願望，就是可以買間屬於自己的小廠房就好。

在Rene的建議下，買住家要買在北區，並且要位於與一般人上下班開車反方向的地方，等以後都市發展與經濟繁榮後，才不會有塞車之苦。經過十多年後的印證，這位來自瑞士的化工專家，對都市的發展及經濟活動的看法的確很有遠見。

第一次實際參與澳洲地產拍賣會，就順利的標到離住家開車約二十分鐘路程的廠房，按地產拍賣的規定，得標者必須馬上開給訂金支票，我還記得簽支票的時候，我的手在發抖，因爲手邊只有十萬澳幣，萬一銀行不肯借錢，我有可能在異鄉變成經濟犯。還好，這棟廠房是分爲四間，我們只買其中的一間，所以必須要辦理分割手續，而辦理分割就得花上一年的時間。

在這漫長的辦理分割手續時間，也讓購屋資金可以輕鬆的籌措而不需要向銀行借錢。三年後終於擁有了自己的廠房，創業立基的藍圖越來越能實現了。有了硬體設備後，接下來就是要解決人工的問題，因爲光靠夫妻兩人是不足以應付的，雖然台灣有親人前來支援，但人力還是不夠。

澳洲是個重視人權的國家，雇主必須遵守高標準的勞工法。記得剛到的時候，有一位朋友跟我分享了一個小故事；某知名航運公司的老闆來考察港口設施，中午一點鐘，他看到了一個貨櫃被吊在半空中，他問隨行的人，爲什麼貨櫃會吊在半空中，旁邊的人回答說：「工人去用餐休息了。」這位老闆覺得不可思議，爲什麼不把貨櫃放下來才去吃飯？這就是澳洲的勞工，自己的時間一分都不能差。

在勞工意識高漲的澳洲做製造廠，要有吃苦頭的心理準備，薪水高是其次，福利多是必要的，對於有些勞工稍微有不合自身利益的，就會告到工會，那個才是最重要的。然而將吃苦當作吃補，二十年來也碰過形形色色的員工，不過，也因爲經過這些磨鍊，才能成就今天的Nature's Care。

回歸自然的感動

在吳進昌創業路途上，陳素珍不僅是他的精神支柱，更是一同努力的夥伴。總是笑得燦爛的陳素珍，言談間經常流露對夫婿的疼惜。和身高一百八十公分的吳進昌站在一起，陳素珍顯得嬌小柔弱，但她的內心比任何人都堅毅。

剛到雪梨時，大兒子的學校在家附近，上下學很方便。帶著小兒子讀語言學校的陳素珍，每天都得讓吳進昌開車接送去上學，但她不希望成為先生創業的羈絆。

雖然吳進昌每天跑客戶、拜訪供應商的行程滿滿，但他對於定時接送妻兒的任務毫無怨言，陳素珍深深感受到丈夫的體貼，她很清楚，自己應該幫忙減輕負擔，讓他有限的時間更能彈性運用。於是就很嚴肅地告訴吳進昌，明天我自己開車去上課就好了。

隔天起床，陳素珍覺得很心虛，該怎麼辦呢？要自己帶著小兒子開車去學校，我真的做得到嗎？但話已經跟老公講了不好再收回來，於是就硬著頭皮帶著Jack開車出去了，沒到十分鐘吳進昌就接到電話，老婆闖紅燈被警察攔下來了，原來不熟開車的陳素珍她看到紅燈要踩剎車，卻踩到油門，警察也毫不留情的開一張罰單，剛剛上路就違規，陳素珍為了這個挫折感到很洩氣，也令吳進昌不禁鼻酸。

陳素珍自認為是個細心的人，但三十歲才開始學開車，一緊張，手腳就會不聽使喚。學習道路駕駛的當天，就被開了闖紅燈的罰單，其間有好幾次都讓坐在一旁的吳進昌忍不住的想趕她下車。好不容易才適應了澳洲靠左駕駛的行車方式，到後來雖然也可以自行開車上下班，但沒有方向感的陳素珍，還是偶有狀況發生，開到遠一點的地方，仍有可能找不到路回家。

有一次，她好意送朋友到機場搭機返台，卻在市中心迷了路。幸經朋友緊急聯絡航空公司機場人員告知狀況，終於在班機起飛前半小時抵達機場，可是偏又走錯車道，開到入境樓層，朋友只好提著行李奔跑到離境樓層搭機，當時她對朋友感到非常抱歉，之後這個朋友要回台灣時再也不敢告訴陳素珍了。

開車認路或許迷糊，但貼心照顧與滿足家人的需求，卻是陳素珍極為突出的特質。

個性內向的陳素珍，擁有典型的巨蟹座特質：戀家。

家是她覺得最安全的地方。她可以整天待在家裡看書、看電視、做瑜珈。她自認為不善言詞，因此事業剛起步那段時間，若有客戶到訪，她一定躲進房裡。若有非出席不可的社交活動，會讓她兩三天前便開始緊張不安，甚至找藉口躲開。個性頗為外向的吳進昌，其實很期待可以帶著妻子一起參與這些場合，但有時候，他還是會體諒她，順她的意讓她留在家裡。

家庭的靜態活動外，最能吸引陳素珍走出家門的，還有大自然。

在台灣剛踏入社會工作時，若有同事邀約於假日到郊外踏青時，陳素珍一定會報名參加。那時候陽明山的步道她幾乎都走遍了。進入大自然環境中，她的心靈總能感受到無比的安定，山風微微吹拂、鳥叫蟲鳴天籟不間歇，陳素珍很自然地沉澱到她的內心的世界裡，找到屬於自己的寧靜。

父親是糖廠的員工，從小在環境也很自然的嘉義糖廠長大，讓她小小年紀就培養出黃昏散步的習慣。鄉下地方人口稀疏，整個社區經常就只有她一個小女孩在路上散步。對這個世界還似懂非懂的她，每天透過散步來接近大自然，這個多愁善感的小女孩，總是會望著天，對著大自然想著如何改善家裡的環境，如何突破莫名的憂愁。

或許正是這獨自散步的習慣，培養出她敏銳的觀察力和和設身處地的感受力，讓她懂得如何將負面的情緒干擾，轉化為積極正面的思考。

成年了，每每遭遇事情或問題時，陳素珍總能先採取不苛責的態度，接著再聽取各方的意見及建議，匯集出合理的因果解釋，用眼、用耳、用腦，多於用話語去表達她的情緒，運用智慧尋求最佳的解決途徑，應該是她持續養成的獨自散步習慣時，一步步所悟出來的處世之道。

散步的習慣，當初雖因舉家遷至台北而中斷，但多年之後移民澳洲，陳素珍重新獲得散步的機會，但這次是在林木參天的林道裡，和無數的自然生命陪伴在一起。

她雪梨的第一個家，百公尺之外就是一座廣大的Lane Cove國家公園。

一九九〇年夏天，我們在Lane Cove買了一棟舊房子，並準備在冬天翻修擴建後再搬進去。我們一家四口仍住在一間又冷又亂的房子內，那時候心情實在很亂，又沒有安定感，我時常在白天大兒子上課後，帶著一歲多的小兒子到屋外散走走，有時候抬起頭看到飛機飛過時，仍不免湧起一股強烈的衝動，好想飛回台灣，或許是因爲身在異鄉打拚，即便事業與生活已日漸穩定，一種孤獨感仍然揮之不去，對台灣親人的思念也特別濃烈。

每天傍晚，陳素珍總要與自然獨處一個小時，或疾行、或駐足，杳無人煙的公園一隅，似乎全屬她所有，那是生活中最大的享受，因而，她總是風雨無阻。

在家鄉台灣，除非刻意到山林間漫遊，不然在都市或郊區值得一走的綠色空間，總是會有很多人，而且通常還得耗費一段車程與精神。

在異鄉的澳洲，短短幾分鐘就能走進巨木的林蔭間，這樣的ＶＩＰ享受，在移民前似乎不曾想像過。

在大自然裡，無需交談便能與天地結合為一，她腦中奔騰的思緒，透過樹木的氣息、水的流動、生命的旋律，交織成一張綿密而輕盈的網，再多的惱人訊息，都能因此沉澱下來，並自動產生新的連結與感應，讓新的概念、想法與模式不費力地誕生。

我的那方天地就像天堂一般，花有花的個性，鳥兒有自己的語言，每次進入那片環境，總覺得嘰哩咕嚕叫個不停的鳥兒好像在歡迎我，我也會和牠們溝通產生互動；每次看到大自然，總有許多感受觸動我的心。

不習慣與陌生人接觸，但在大自然中，卻可以那麼的怡然自得，讓她完全卸下心防面對自己。藉由這個短暫的時刻，檢視每天的工作與生活。遇到解不開的結、不高興的事情，或是即將爆發出來的情緒，到了那裡都能自然平息。獨自散步的時間，就像充電、加油，她向大自然倒空所有的情緒，再讓潛藏在自然裡的豐盛盈滿自己，負面的觀感被洗淨、丟棄，生命自然就會湧現再次邁開步伐的動力。

愛的搖籃，溫柔的推手

但是，壓力也有大過自然療癒能力的時候。

移民初期，曾有段經歷讓她幾乎喘不過氣來。那時陳素珍兄姊的孩子們，紛紛到澳洲讀書，因此寄宿她家。沒多久父母親也前來依親。

一九九三年到一九九七年間，兄姊的孩子們陸續來到澳洲寄住。只要父母親提及兄姊的小孩在台灣讀書有困難時，我們都會答應他們過來澳洲換換環境看看。

一九九二年台灣股市低迷，媽媽的錢被套牢，又因爲有高血壓，導致一隻眼睛出血，必需動手術，爲了方便照顧她，我就安排父母親搬來雪梨住。媽媽動完手術後慢慢復原了，兩老就這樣住了下來。爸爸白天在工廠幫忙包裝，媽媽就在家裡幫忙照顧孩子，父母親的確幫了我們很大的忙。

房子經過加建後，共有五個房間，每次多來一個人，就多加一張床，那陣子我們家常常在買床。

家中成員爆增至十多人，好處是熱鬧非凡，壞處是問題與狀況不斷，緊張的氣氛經常會冒出來，特別是正值青春期的孩子較難相處，經常考驗著兩夫妻的管教技巧。吳進昌又是這些侄甥在澳洲的監護人，孩子三番兩次的在學校出問題，每當吳進昌穿起西裝，陳素珍就知道他又要去見校長了。

孩子的情形每況愈下，遠在台灣的婆家時而有耳聞，不太悅耳的閒言閒語開始隔空傳來，夫妻間的緊張情緒也跟著浮現，努力經營事業不得閒的吳進昌回到家中，累了一天仍無法安靜的休息，家經常是吵吵鬧鬧的，他的包容與耐性終於被逼上了沸點，夫妻兩人獨處時，不滿的情緒爆發了。

「在我們夫妻的創業階段，為何要做這些吃力不討好的事？」面對先生的抱怨，我選擇了隱忍，不與他正面起衝突。

那是我人生中最難過的時候，心情非常煎熬，正因為每天的散步，為我分擔很多憂傷和喜悅。

「家人同住後，我們的收入不是開始改善了嗎？我們開始存夠了錢買房子，生活一直在好轉。當家人有困難，我們不能袖手旁觀。」

「不要聽外人的閒言閒語，這些年雖然親人來借住我們家，我們只是短暫的伸出援手，但是我們的家庭經濟也是不斷的改善啊！」我總是盡量將好的狀況講給先生聽。

對剛創業需要全心全意衝刺的我們來講，雖然這些過程是很煎熬，看起來好像會是一種阻礙，但實際上卻是我們的一種助力，每次工廠需要加班趕貨時，家裡的人就足以形成一條很完整的生產線，大家一邊分工幫忙，一邊聯絡感情。

每次碰到困難，不管是自己的或是別人的，陳素珍總是會先天下之憂而憂，特別是自己的家人，孩子、先生、甚至朋友。

當時，她仍然每天獨自一個人散步，即使池水邊野薑花氣味芬芳，但想到生活裡的不愉快，一種深深的無力感冒了出來，讓她偶而會有一股想跳下去的衝動。還好，那衝動只是一陣極短暫的壞念頭，很快的就會被積沉在她心中那一片龐大的正向思考力量化解了。

散步，獨處，沉澱。

情緒被微風一一吹散。

時間一秒一秒輕輕的走過。

家人的聲音、他人的話語、先生氣憤的臉孔、自己內心裡的苦澀與煎熬……當陳素珍走進山林，這一切紛擾和她產生了距離，肩上的沉重變得輕盈，胸口的鬱悶變得輕鬆，批評、爭執的景象模糊了，現實生活中的充實與滿足感放大了。在大自然如母親般的懷抱中，她慢慢梳出條理，心胸踏實了，她已經可以走出林道，去找到合適的時機跟自己摯愛的丈夫溝通。

見過Alex的人就知道他身材高大，長得憨厚的樣子，聲音宏亮，特別是生氣的時候聲音更大，比大聲沒有人可以比得過他，何況是我呢？經過多年的磨合，當他生氣大聲的時候，即使是他不講理，最好的辦法就是先離開。再找適當的時機與他溝通。他是脾氣大，心胸卻有如大海般的寬大，心地善良又肯付出。

心柔軟了，話就容易講得順耳。這次，吳進昌也聽進了愛妻的話，認真的想起來，之前一時激動的用語，都只是誤會，他的心思雖然大半放在事業上，但愛家的他，也能體會陳素珍對家人的用心與用情。

後來他發現老婆不管是對娘家、婆家或是朋友，都是那麼的真誠與用心。反而是她自己工作辛苦，也從不覺得累，對別人大方，對自己卻很節儉，讓他更疼這個老婆，也給孩子們一個很好的身教。

對陳素珍而言，她把這段插曲當作是自己人生的一個試煉，雖然過程不好受，但她知道日後一定會有好的影響。

受限於舊房子的格局與空間，吳進昌夫妻後來買下了現在的住家。

我們搬進去那天，小兒子和我都好開心，不敢相信自己會住在這麼好的房子裡，我們樓上樓下跑來跑去，真的好滿足，那種心情就像當初在台灣，我們能有兩個孩子、一間房子和穩定的事業一樣的興奮。

老天爺的磨練

和台灣多數中小企業一樣，吳進昌讓員工正常上下班，夫妻倆卻經常為了趕貨在加班。有時他們甚至下了班先回家安頓孩子，吃過晚餐再回到工廠繼續加班。

有一天夜裡下著雨，已經十點了，吳進昌還是堅持要去工廠一趟，因為孩子隔天要考試，他要妻子留在家中陪孩子準備功課，他想自己可以快去快回。陳素珍深知夫婿會堅持到工作結束才休息的個性，因此沒阻攔他，不料吳進昌在工廠前的停車場不小心滑倒，還好，剛好有路人經過發現，幫忙扶他到廠內，其實他當時已經不能走了，而他卻堅持把工作做完才打電話回家，妻子和岳父才趕緊開車來接他。

第二天一早即到家庭醫生處看診，經X光檢查後才發現事態嚴重，髖骨摔裂，必須開刀治療。家庭醫生立刻為吳進昌安排至大醫院進行緊急手術，並要他下午兩點鐘報到。

這對吳進昌並不是個好消息。因為這表示他接下來可能會有一段時間無法工作。

「那陣子眞的很忙，我滿腦子想到的都是工作，那種疼痛對我來說只是皮肉痛而已，我的一切都投資在這裡，全副精神都要放在工作和家庭上。」

「小學五年級時，我和朋友們玩捉迷藏，不小心被鄰居的三輪車撞傷住院，我當時想到的不是自己的傷勢，而是醫藥費該怎麼辦？媽媽哪有錢付？還好撞傷我的鄰居願意支付，我還特別寫信給在台北工作的大哥請他放心。」

吳進昌的心裡，永遠有一些比自己的病痛更重要的事情需要考量，咬咬牙，痛就能捱過。曾經長時間擔任過軍職，也讓吳進昌對自己的忍受力有過人自信。

手術前還有幾小時等待時間，吳進昌決定趁著空檔，尋求中醫幫助，看看中醫是否會說「其實不需要開刀」幾個字，說不定情況沒那麼糟，或是中醫技術比較好，貼個膏藥、推拿一下就好。

豈料，中醫告訴他，如果不開刀，要讓裂開的髖骨自然癒合，痊癒的機率只有一半，裂開部位若沒有固定妥當，血液不通順就得一輩子跛行。

這話聽進吳進昌耳裡，無法讓他死心。他試著說服中醫拿出個不需開刀的證明，最後在中醫找出各式醫典圖解分析回絕他的要求之後，他只得悵然離去。

因此吳進昌必須乖乖回醫院開刀，到醫院報到時，院方說他們到處找不到人，家裡、公司、家醫診所統統找遍了。

手術無法避免，吳進昌放心不下工作，決定先到工廠把工作交待清楚。

陳素珍一整天陪著跑給醫生追的吳進昌，一路上，就像安慰孩子一樣不斷勸他，要他聽話去開刀，還反覆跟他保證工作的事她全部都會處理好。這麼一折騰，到達醫院報到時已經是傍晚六點多。

一進醫院就發現，他的家庭醫師被醫院裡的專科醫師罵得滿頭包，醫生和護士們備妥一切卻等不到病人，沒想到病人進了醫院心還掛在工廠裡。手術馬上開始進行，到晚上十一點才完成。斷裂的髖骨打上鋼釘固定，吳進昌得在病床上休養一星期。

手術的順利完成，也深深感動了吳進昌夫婦，澳洲醫生照顧每一個病人，都像在照顧自己家人一樣的那麼用心、認真。

「那次意外算是天災，不過因為知道他在醫院可以獲得最好的照顧，所以我也就以平常心看待。

當時我們雇用的員工不多，很多事都得自己做，晚上也是我自己去加班，但不會覺得疲累，反正那是我每天一定要去面對的工作。我遇到問題時比較不會抱怨，而會直接去思考解決方式。我相信這是每個人都有的韌性。」

在醫生的認可下，躺了一星期病床渾身不自在的吳進昌，終於可以辦理出院。而他連家也不想回，一出醫院就要求陳素珍載他到工廠，拄著兩支拐杖，一跛一跛地拐進工廠，員工們熱忱的獻上慰問的鮮花，直呼他是個瘋狂的老闆。

接下來的半年，吳進昌雖然得靠著柺杖幫忙行走，但他的行動力絲毫沒有減緩。

一年後再次開刀取出鋼釘，癒合狀況良好，手術相當成功。

這件事讓陳素珍對老公的剛強印象更加深刻：「我真的覺得他是個超人」。

一九九四年夏天，雪梨都會區的森林相繼發生火災，看著新聞畫面上不斷燒毀的林木，陳素珍相當不捨，那地區曾是許多動植物的家，孕育著自然界奧妙的生命。雖然運用了大量人力投入搶救，但情勢似乎逐漸惡化，火勢不斷蔓延。

那一年，工廠的工作非常忙碌，夫妻倆週六也必須到公司加班，兩個孩子則留在家中，由十歲的大兒子Michael負責照顧四歲的小兒子Jack。

有一個週六，陳素珍去加班前，突然覺得有一種不太好的預感，那片還沒完全滅盡的森林大火，讓她心裡覺得不安，於是便要求兩個孩子一起去工廠。兩個貪玩的孩子知道去工廠會很無聊，抗拒著不願過去，她只好連哄帶騙，說要發給每人十元澳幣作為工資，要他們到工廠打工，孩子們這才乖乖的上車。

剛到公司加班不久，住家附近的森林大火在風勢助長下，燒向他們住家的這一邊，熊熊火勢伴隨著令人窒息的濃煙，直逼密佈住宅的區域。

鄰居不知道我們去了哪裡，九四年那時候又沒有像現在這麼普遍的手機，還好他們找到了表哥，表哥趕緊通知了我們。

聽到這個壞消息，夫妻倆立刻帶著孩子趕回居住的社區。由於火勢太大，社區居民皆被撤離，道路被封鎖無法進入。當時狀況非常緊急，消防隊在搶救時缺乏水源，隊員並已準備到吳進昌家後院的游泳池抽水進行滅火。

大片濃煙隨著強風不斷的吹向自己的家，陳素珍一下車看到那個景象，心想「完蛋了」，整個人就傻住了……

來澳洲辛辛苦苦打拼了四年，經過這麼多考驗，一直沒能眞正穩定下來，眼看著似乎就快要苦盡甘來，難道一場火就要燒去一家人辛勤的成果嗎？咬牙走過了不怎麼順利的創業過程，每天辛苦加班到夜晚，爲了不就是擁有一個美滿而富足的家……家若沒了，這一趟澳洲移民之路不就白走了四年？

老天還要磨練我多久？

因為過度緊張、無助、難過，陳素珍腿一軟，人就昏倒了。

同樣被火勢嚇壞的吳進昌，還是藉機跑進家裡，抱起裝有全家人身分證件的皮箱，再到處巡一下，看到最值錢又能帶得走的，就只剩大兒子的小提琴了，於是又抱起小提琴，跑離現場。

沒多久，風向忽然反向逆轉，把火勢往回帶走。消防隊員趁機將火線擋住，這才讓整個社區免於被火吞噬。

陳素珍醒來後，才知道已經逃過一劫了。

當天晚上，由於住家仍被封閉，一家人被迫住在社區中心。

儘管危機尚未解除，社區仍舊處於封鎖狀態，但至少住家已保住了，孩子與先生也都平安在自己身旁。她從跌向谷底的坡地上爬起來，心想「似乎是上天聽到了我的無助吶喊」。

差點失去珍愛的家，大難擦身而過，一家人更知道要惜福感恩，全家人的心也更加緊密地連結在一起。這場獲救的災難，也讓陳素珍意外上了一次「生命教育課」：

住在同社區裡的澳洲年輕人在社區中心主動當義工，整夜輪流值班發揮守望相助的精神，他們尊重生命、愛護動植物，即使是一隻小動物也都不願遺漏的把它一一救出來，看到林木被燒傷就好像是自己的親人受傷般的哀傷，那種熱愛生命的精神令我感動不已。

Part 3

創造品牌生命力

「堅持天然」的事業良心

九〇年代的保養品大部分來自法國或日本，日本強調的是高科技的生化原料，當時純天然的概念還不是很流行。經過深入探討與研究，發現生化配方容易起變化，為了穩定品質，必需加入化學的穩定劑，為了產品賣相好看，必需加入人工色素、化學香味，然而，這些化學原料對皮膚的傷害，遠超過產品所帶來的療效。因此Nature's Care以安全及良心的考量，決心堅持做純天然的配方。

於是公司確立了「三不加」政策：不添加人工色素、不添加化學香料和不添加有害的化學物質或防腐劑。雖然「三不加」政策當時馬上面臨到很多相當棘手的技術問題，但後來世界各地發生很多知名的品牌，因產品的問題而被迫下架事件，事實證明了先前的政策及堅持是對的。

若先前決定用「礦物油」而不用「植物油」的話，十幾年後問題就來了。因為礦物油是從石油提煉的一種無色、無味、觸感光滑的無機油，所以不變色、不變味，但長期使用卻足以致癌，這個訊息直到二〇〇七年才被披露，當時一些加了礦物油的知名品牌護膚品也被下架，但這個會對人體不好的添加物，Nature's Care早在一九九〇年創廠之初，就已堅持不用了。

然而改用植物性的原料，除了價錢貴好幾倍以外，植物油遇空氣會氧化產生油臭味，加上天然配方的產品穩定性不夠，容易變色、變味、賣相也不好看，如何說服消費者接受這些因使用天然原料所產生的瑕疵，並讓他們認知所購買的產品，確實有療效而又沒有副作用，的確是有相當高的難度。

那時候公司沒有足夠的資金，可以為天然配方的產品做廣告。連最基礎的羊毛脂製品也沒有幾個品牌。於是夫妻兩人經過審慎的評估，都認為應該將眼光放遠一點，決定採用科學方法來改善製程，堅持以天然配方來做產品，並投入大量資金，引進先進的技術，採購高科技的乳化儀器及設備來克服困難，才讓產品走上穩定之路。

創業之路艱苦，走過的人才知道。過程中不斷地遭遇難題，讓在異鄉創業三年多的吳進昌一度質疑自己：若是持續走下去，未來前景會在哪裡？

眼前的問題雖然一個個解決，也都成為生命過程中無價的寶貴經驗，但這份事業真的能走過五年？十年？二十年？甚至成為一輩子的成就嗎？

好友在他初抵澳洲時曾勸吳進昌回台灣，然而，自己打定主意絕不空手回台灣的那份堅定的信念，激起他堅持下去的強烈毅力和決心。接著，他靜下心來仔細思考，最後決定縮減產品項目，專注在銷路最好的幾種產品，加強品質的穩定度，避免重蹈過去「呷緊弄破碗」的盲目研發，穩紮穩打一步步往前走。

創業初期，澳洲純淨無污染及豐富的資源很吸引我們，因此如何利用這些優勢來推出澳洲製造的產品，是我們當初的思考方向。也因為我們想要結合澳洲的特色「環保及純淨的天然環境」，推出一個對人類有益的保養產品，推廣至其他市場，加上我們的產品都堅持取自天然(Nature)原料，所以希望品牌形象也與天然有關，當時腦海頓時閃出一個想法「at Nature's Care, We care!」，於是品牌的名字就這樣出現了。

幅員遼闊、資源豐富的澳洲印象，使「純天然呵護」的概念深植在他們心中，加上創業以來「三不加」政策的堅持，「Nature's Care」這個品牌名稱就這麼自然地誕生，充分的表達出由原料、製造、產品到企業精神背後的核心理念。

> 我們全心全意的投入，運用在地的資源，以天然原料製造友善又有益人體的天然產品，並能降低對天然環境的破壞，這是我們創業之初的一貫理念，因爲這是一份良心事業。

兩片葉子一片心

「人要衣裝，佛要金裝」，產品也需要合適的品牌與包裝。Nature's Care產能增加後，產品行銷成為另一個發展重點。

有一天，吳進昌夫婦在台灣同鄉會刊物上看到一則檜木家具廣告，畫面中央放著一張木椅，簡單標示一句「一千年前它不是椅子」。兩人相當欣賞這個創意，於是找到這則廣告的設計師董大山，邀請他為綿羊油產品設計平面廣告，獲得很不錯的效果。後來，吳進昌希望將羊毛脂產品包裝做些調整，於是詢問董大山是否願意幫忙設計，他笑笑的回答說：「我試試看。」

董大山一樣是台灣移民，他不但是精於繪畫、彩瓷繪製與圖畫創作的藝術家，同時也是商品廣告和美術設計的高手。在台灣從事廣告設計期間，曾連獲四座「時報廣告獎」的金像獎，為幼福出版社出版王愷繪製插畫的套書《中國詩樂之旅》，在一九八三年獲行政院新聞局頒發的年度最佳美術設計金鼎獎。而他最感到高興也最榮幸的是一九八二年獲頒「中華民國國家文藝獎」。董大山在藝術的創作上十分用心耕耘，先後在國內外開了九次個展；移民澳洲後，沒想到會有機會幫Nature's Care做設計，而這個客戶竟然也是來自台灣的創業家。

針對Leimei羊毛脂系列產品的包裝，董大山保留原本的綿羊圖案，另以花朵襯底來增加產品的質感，同時營造出產品讓人貌美如花的象徵。之後，Nature's Care開發的許多新產品包裝，也都委請他設計，為這些商品穿上美麗的衣裳。

經過不斷的努力研發產品，以及精心設計改良包裝，Nature's Care羊毛脂系列產品儼然已成為澳洲第一品牌，知名度迅速打開，業績也跟著成長，許多海內外客戶紛紛主動找上門。工廠日以繼夜不停的趕工，當時公司擴展迅速，連辦公空間都不夠用，吳進昌只好將辦公室留給陳素珍，自己則坐在辦公室外工作。苦幹實幹是吳進昌的工作態度，然而陳素珍可說是Nature's Care的謬思女神，產品發想多半來自於她敏銳的觀察力，因此能開創出滿足不同消費族群的多樣化產品。

成功打響Leimei羊毛脂的名聲後，身為媽媽的陳素珍有了新的靈感。

在扶養Michael與Jack的過程中，她發現澳洲的嬰兒護膚保養產品只有少數幾個外國品牌，於是靈感作現：「既然本地有如此豐富的自然資源，將它運用在照顧嬰兒肌膚上不是更好嗎？」陳素珍查找資料與並咨詢皮膚科醫生後發現，人類皮膚的角質層外，還有一層由皮脂腺分泌的皮脂和汗腺排出的汗液乳化而成的皮脂膜，然而三歲以下的嬰幼兒卻沒有這層保護膜，若使用石化類的保養製品，不僅容易傷害皮膚，也會造成皮膚過敏。她決定研發以「呵護嬰兒嬌嫩肌膚」為產品訴求的嬰幼兒保養系列。

「既然三歲就決定一生的皮膚，研發天然溫和、不含石化製品的配方就成為產品重點。」陳素珍逐漸掌握產品推廣的方向，同時也瞭解到市面上不少這類產品是以石油再提煉的產物「礦物油」作為原料，如此雖可確保產品的穩定度、降低瑕疵、避免客訴，但無色、無味的礦物油，後來被證明卻有致癌的危險。

產品方向確定了，生產技術也不成問題，接下來就到市場行銷的層面。

因為某天在澳洲草原上聽到小羊可愛的「咩咩」叫聲，還有小羊心存感恩跪地吸奶的畫面，陳素珍決定將新研發的嬰兒皮膚保養品命名為「Mei Mei」。她為商品的包裝挑選了一張模樣可愛的嬰兒照片，董大山則以一般油脂自然呈現的橙黃色為底，設計了可愛又討喜的產品包裝。

「挑選到這個嬰兒圖片讓我很得意，因爲他太亮眼、太吸引人了！每次出去參加展覽，來自義大利、法國等國家的櫃位及海報都是美輪美奐，但從來沒有任何嬰兒的圖片像這個嬰兒那麼可愛，大家都會停下腳步來注意觀看。這個系列相當受歡迎，不只是家長買給孩子用，成人也都很愛用，特別是容易皮膚敏感的人。」

繼成功推出Leimei羊毛脂系列後，一九九四年上市的Mei Mei嬰兒系列，再次締造佳績，打響了Nature's Care這個品牌名號，這兩個系列產品的成功，證明吳進昌當初選擇護膚保養品事業的正確性。

更加了解企業文化與精神後，董大山在調整Nature's Care商標設計時，以突出的「生命力」作為重點，強調軟性植物的堅強生命力，讓兩個英文字N和C延伸而出、「長」出兩片綠葉，代表植物的生機蓬勃，柔中帶剛，與Nature's Care的涵義也相吻合：取自天然的照顧，溫柔卻不強悍，平穩卻不激烈，化深沉力量於安定步調中延續，剛柔並濟。這個畫龍點睛的設計，讓人一眼就看出Nature's Care的產品與大自然的活力有緊密的聯結。不僅消費者對品牌辨識度提高了，而公司的發展也有如綠葉般充滿活力、蓬勃向上。吳進昌和陳素珍就像「兩片葉子一片心」，兩人手攜手、心連心，懷抱著理想共創未來！

給親人吃的健康食品

在家排行老么的陳素珍，從小生長在嘉義蒜頭糖廠附設的農場，父親是糖廠的小職員，除了領取微薄的薪水外，也要耕種自己的田地。當兄姊們全部北上就學就業，母親也需要經常到台北照顧他們時，鄉下家裡通常只剩下她與父親兩個人。善解人意的陳素珍很小就學著照顧父親，幫父親洗衣、做飯，以及打理家中各種瑣碎的事情。

稻米收割時，陳素珍也跟著一起幫忙曬稻穀。但是老天經常捉弄人，明明陽光很強，是曬稻穀的好天氣，卻突然下起了陣雨，於是才小學四年級的陳素珍也跟著搶收稻穀，以免稻穀淋到雨後賣不到好價錢。當父親去河裡捉魚時，她就在岸邊靜靜的等待，心裡總是忐忑不安，好怕那麼深的溪水，父親會不會有危險。父女的感情也因此比其他的子女更親密。

在我的心中，父親是個忠厚老實、心地善良，但不懂理財的慈祥父親。記得讀高中的時候，同學有困難或生病時，我若回去告訴父親，父親總會幫我想辦法協助他們。有一次住在學校宿舍的同學生病了，父親馬上要我接他回來家裡照顧。這件事一直到現在，仍在我腦海裡深深的迴盪著，對一個只因爲是女兒的同學，就可以如親人般的照顧，父親如此的作爲，令我更尊敬他，更愛他。

結婚以後，父母親生怕我們經濟有問題，又怕會傷了我先生的自尊，父親總是偷偷的塞錢給我，並要我們不要開伙，下班後先到父母家吃完晚餐再回家。

移民到澳洲後，讓我最掛心的，就是父母親的身體健康。特別是父親的氣管不好，稍微受寒就會咳嗽，文獻上記載著蒜頭對氣管的毛病有幫助，因此每次我回台灣，就會帶蒜頭精回去給父親服用，而他氣管的問題也確實改善許多。於是心想：澳洲人因爲蒜頭的味道重，所以在平常的食物中很少攝取到，而蒜頭對於人體是有很多的好處與療效，於是就興起做健康食品的念頭。

Alex也認同我的想法，因此公司就開始準備嘗試生產蒜頭精。從配方到原料的選用，我們都以最好的品質做爲生產標準，因爲做出來的產品是要給父親吃的。

父親也自然成爲蒜頭精的第一個白老鼠實驗者，在持續服用後，效果果然比市面上購買的好很多，這給我了很大的鼓舞，於是公司便開始發展生產健康食品。當時我許下一個心願，「要以照顧親人的態度，秉持良心，製造出好的產品，但求父母親的身體更加健康。」公司也從此立下了一個嚴格的標準：以後公司生產的任何一個產品，都是以做給家人吃或用的態度來研發生產，必需細心選取原料及設計配方。

我想，應該是這個單純的起心動念，讓我們兩個人在陌生的異鄉可以持續做出一點成績。

拓展事業版圖

一棵植物從萌芽到成長，都有它的因緣，也需要有心人的播種與灌溉。

與台灣的同行，談起了澳洲的羊毛脂及嬰兒保養品這麼出名，又是用天然的原料來生產，應該可以推展到國際市場。於是我受邀與他們一起隨台灣貿易團到義大利參觀展覽，這是第一次見識到這種世界級的展覽會，規模之大需要三天才能看完，展覽著各種包材原料及美粧的相關產品。

回澳洲後有很多感觸，就與Alex分享並討論到澳洲市場實在太小、太保守了，我們應該走出去把產品推廣到國外。在二〇〇〇年以前，國際市場看不到澳洲商品，也幾乎沒有澳洲廠商到國外參展。在澳洲缺乏向外推展產品的助力，我們就透過台灣外貿協會的安排，與許多台灣廠商及企業家夫人一起赴國外學習參展。

因爲這樣的機緣，見識到了台灣的女性吃苦耐勞的精神，台灣外貿團的成員大部分是中小企業，很多都是老闆娘帶著兩個皮箱加上一個員工，到處參展。因而認知到台灣早期的經貿如此蓬勃發展，這些任勞任怨努力不懈的婦女，絕對是功不可沒，我相信這也是台灣女性都具備有的韌性。

參展最初幾年間，陳素珍總是自己一個人晃來晃去，完全不像是個從事貿易的企業主。在辦公室裡，她可以從容處理員工的要求、安排產品的行銷設計，但是一走到外地，面對陌生的人與環境，她的緊張與不安一擁而上。

勇敢走出去，才真正看見自己的侷限。

雪梨台灣貿易中心前主任林萍，第一眼見到陳素珍時的印象是「從沒看過這麼害羞的老闆娘」。她看得出來，陳素珍不是那種舌燦蓮花的企業主，而是有多少講多少，甚至講不到那麼多，是個很不一樣的人。

古人說，「行萬里路勝讀萬卷書」，真的很有道理；每次出國看到新東西，就會激發新的想法，心境上也有不同。對她而言，改變自我是項艱鉅的任務，為了Nature's Care，她還是努力勉強自己，由mission impossible到mission I'm possible，雖然花了不少時間，但她還是做到了。她和參展團員之間的互動變得自然且頻繁，自己的視野也因此被打開得更廣闊。

經過多年歷練，參展活動不只為Nature's Care注入新契機，也讓陳素珍可以更自信地站在人群前，這是她從未想過的收穫。她說：「對我而言，每次的參展百分之九十九都是在學習，只有百分之一的機會可以接到訂單。過去我在學校學習的專業知識並不足夠，但透過這些磨練反而成長快速，知識領域更加豐富充實。」

在一個接著一個的參展活動，陳素珍獲得的最大回饋是：客戶對產品的讚美。過去她在公司裡，不容易有機會直接接觸到消費者。客戶若有抱怨，頂多會出現在會議的檢討報告上，或是吳進昌的嘴上；若有讚美，大約只能從出貨量成長的數字上看出來。但在會展展場上，消費者就站在她面前，無論是對產品的批評、質疑，或是肯定、鼓勵，都會直接當著面講出來，聽起來不是感到刺耳，就是更讓人歡喜，這樣的經驗一多，自然就讓陳素珍對產品、對工作、對自己都愈來愈有信心。

無論是工作或教育孩子，即使再小的優點都應該被鼓勵。鼓勵會振奮人心，讓人努力做得更好，像我婆婆就是我學習的好榜樣。婆婆生了四個兒子，但四個媳婦卻都無法在她身邊照顧她，但她對孩子們的愛沒有因此稍減。婆婆對孩子、媳婦從不責備，她總是以鼓勵的方式來代替。

有一次，我從婆婆朋友那兒得知，婆婆經常在別人面前稱讚我，說我很孝順，可是我自認爲只是做了些本分應當做的事，但婆婆的話給我很大的鼓勵，也讓我時時警惕自己要孝順，無論如何，都要再多盡一點孝心。

或許是個性使然，當陳素珍受到客戶讚美時，第一時間的開心過後，她會靜下心來，思考他人稱讚的原因，誠實檢討是不是真的下過功夫，是否實至名歸；認真反省之後，可以修正自己不夠用心的部分，更可以在讚美的光彩下，看清楚讓產品更好、更貼近消費者所需要的努力方向。

謙虛者，鼓勵可以帶來新的動力。

驕傲者，鼓勵頂多帶來一時的快樂，甚至是一時的盲目。

愈深入商場，競爭就愈露骨，而且算計處處，也更容易見到爾虞我詐的商場現象。陳素珍認為，從商的人不一定都要變得「很傷（商）人」，她說：「我對自己有個原則，不想讓社會影響我，要保持那顆善良的心，這是我始終的堅持；在那個過程中學到一些生意經，但不該碰的，我還是不會去碰。」

熱愛生命，尊重大地

澳洲是個環保大國，為了維護環境，澳洲政府近乎是站在反製造業的立場，寧願以進口取代在地生產，所以國產商品比較稀少，早期能夠取得「澳洲製造」標章的商品寥寥無幾，因為「澳洲製造」象徵天然、健康、無污染。因此，Nature's Care產品成為免稅店的搶手貨，在亞洲地區也迅速打開知名度。

一九九五年，當時一位代理商林繼良到公司找吳進昌洽談香港代理事宜，為順利取得代理授權，林繼良願意以自己在雪梨的土地作為抵押擔保。吳進昌也想把產品推廣到海外，在沒有任何保證的條件下，就直接授予他代理權。Nature's Care的市場版圖從此跨出澳洲，走進亞洲。

後來林繼良更成為吳進昌與陳素珍生命中的好朋友，早期陳素珍身體較弱，每次到中國或香港參展時，林繼良夫婦總是如兄嫂般的照顧她、協助她。

銷售據點向海外拓展後，公司經營也變得日益複雜。吳進昌與陳素珍在工作上的分工逐漸形成固定模式，吳進昌把重心放在生產、設備、製程與品管上，並持續進行澳洲經銷據點的聯繫；陳素珍則專注在產品開發、包裝設計、行銷與推廣。

自認為不會作生意的陳素珍，或許並沒有一般人眼中所謂的「商業手腕」，但她始終關心著一件簡單的事：「如何讓產品最佳呈現？」「產品如何再超越水準？」「產品如何對消費者有益？」這股單純的堅持，反而讓客戶容易把她當成朋友，讓她有機會誠懇地、仔細地跟客戶講解產品的特色。

陳素珍常覺得，「別人跟我作生意，對方好像比我還急。」她不慍不火的個性、不加油添醋的說明，常讓客戶急著想幫她做生意。由於她真心傾聽客戶需求，並用心滿足客戶需求，因此Nature's Care許多新商品概念，都是「順水推舟」、「水到渠成」而來。

在香港擁有每年上千名畢業學生的美容學院，等於每年訓練上千名的美容師的學院老板林繼良，他要Nature's Care公司幫忙生產設計一套教學用的保養品。陳素珍知道林繼良夫婦的理念與Nature's Care很接近，也是想把最好的產品帶給他們所教出來的學生。於是交代研發部門不必考慮成本，只要研發出療效最好的保養品。研發部門因此開發出一套以純植物精油調配香味，以最適合人體皮膚、最有長效保濕效果的產品「NC24」系列，直到現在這套俱有長效保濕的保養品系列，還是陳素珍的最愛，這套產品在林繼良的美容學校推廣下，首先在香港風行起來。

「NC24」保養品系列開發成功對Nature's Care而言，是一個很重要的突破，從基礎的羊毛脂，嬰兒護膚保養品，到這個極俱療效的高科技保養品，Nature's Care又踏入另一個里程。

有一次陳素珍因為長期工作壓力，加上為業務勞累奔波，原本細緻的皮膚長出了很多的肝斑，當時坊間正流行雷射去斑，陳素珍去看了皮膚科醫生Dr. Lawrence時，她問醫生：「我的斑可以雷射來處理嗎？」醫生說不需要，只要擦擦他開的藥就可以了，結果皮膚真的好起來了。

陳素珍問醫生他開的是什麼藥？Dr. Lawrence不但把配方告訴她，並且要Nature's Care幫他代工生產。這套按Dr. Lawrence醫生配方所生產的產品，不但在澳洲各大百貨公司熱賣，而且有很多明星是Dr. Lawrence的病人，也都使用這套產品。Dr. Lawrence後來也成為Nature's Care的皮膚美容顧問，以他的專業及臨床經驗，協助Nature's Care開發護膚品。每年Dr. Lawrence所辦的聖誕晚會都會邀請吳進昌與陳素珍參加，並在晚會中很驕傲的介紹給他的客戶認識。在澳洲主流社會，尤其在健康食品及保養產品業界，吳進昌夫婦逐漸奠定了舉足輕重的地位。

我不是一個銷售人才，可能因爲看起來比較老實，讓許多經銷商覺得我不太行，他們反而想幫我，而主動將市場需求和想法告訴我。有人就問我：除了羊毛脂外，澳洲到底還有什麼特色產品可以賣？這個問題當下問倒了我，也讓我困惑了一陣子。

我知道，Nature's Care的羊毛脂產品只算是基礎保養品，客戶建議我以澳洲特殊的原物料來開發新產品。我投入時間認真搜尋，終於在原住民身上，發現澳洲的核心精神；「熱愛生命、尊重大地。」

數千年前就已居住在澳洲大陸上的原住民，流傳著Dream Time的傳說，那是一個與人類世界平行的空間，它的時間性超越開天闢地，遠達於永恆，在成為人類、動物或植物之前，每個生命的靈魂都是永遠存在的夢，只是在某個階段進入現在生活的軌道，夢的故事仍舊在不同空間中延續，這就是原住民常說自己有袋鼠夢、蝴蝶夢的緣由。

因此，在尊重永恆的夢與自然大地的理念下，原住民永遠只取自己當日生活所需，不積蓄、不儲糧，維持整體環境的生物多樣性風貌。

Dream Time的傳說讓陳素珍相當感動。她認為原住民是最早的環保專家，流傳千年的澳洲精神，教導他們知道如何愛護土地、利用資源，許多原住民運用的植物，都是澳洲獨特品種，是澳洲的象徵。

走進實驗室後，她將想法與研發部門討論，產品原料全部取材自原住民使用的茶樹、茴香、長春花、金合歡籽、藍柏樹等植物，推出了一套澳洲原住民系列產品「Goodyoong」。

為了滿足客戶而開發的產品，讓陳素珍被產品背後深層的故事性與意義性吸引，並激勵著她投注大量心力來完成這個「創作」。

> 澳洲原住民認爲，我們如何愛護大地，大地就會回報提供人們的所需，這正是Nature's Care想要傳達的理念與企業精神。Goodyoong是字典裡查不到的字，它是原住民語的音譯，當我知道字的原意是「健康快樂」後，我馬上決定採用。

在千禧年初的幾年，台灣的環保意識與政策或許無法與澳洲這類先進國家相比。當吳進昌還在台灣創業的年代，「環保」觀念還是比較薄弱。但吳進昌知道天然無污染的原料對人體確實有不少好處，因此到澳洲後，原本是很單純想要用天然原料做出好產品，沒想到正好契合「環保」的精神與作法，更讓他們進一步瞭解：以天然成分製造好產品的初衷，也是「友善大地、保護環境」的作為。

說到環境保育，澳洲這個國家還真有不少令台灣人讚嘆的故事。

一天清晨，巨大的玻璃碎裂聲驚醒了睡夢中的吳進昌，他下樓查看發現，一隻袋鼠衝破玻璃窗，躲在餐桌底下。吳進昌正為了這意外的房屋損失而煩惱時，附近鄰居也前來關懷慰問，沒想到大家擔心的竟是袋鼠的安危。

如果家裡遭小偷報警，警方多半以電話製作筆錄而已，但家裡闖進野生動物，他們一獲得通知會馬上抵達現場處理，眞的是盡全力的在保護動物安全。

對澳洲人來說，尊重環境、保護自然是每個人的天職，對待活生生的動物如此，即使不會走動的植物亦然，每一棵樹都有它的識別證，政府透過空拍建立樹木檔案，就算是自家庭院內的樹，一但超過七公尺，也不能任意砍伐，枯死的樹木也要申請通過才能移除。如此嚴格細心的環保精神，真是令人欽佩。

在政府嚴格把關與管控下，Nature's Care工廠所排放的廢棄物也須合於標準，但受價格導向的市場影響，Nature's Care大可和其他工廠一樣，選擇低成本的原料製造商品，只要在政府核可的規範內，仍可在短期內獲取暴利，但這卻不是吳進昌夫妻所追求的永續經營目標。

雖然說經濟開發與環境保護總是衝突的，但如果在開發經濟的同時，也能遵守環境保護，妥善處理污水與空氣排放，那麼衝突就會降到最低。

當了解環保的無價與美好時，他們決定義無反顧，勇往向前。

天秤兩端
——環保與經濟

雪梨位於澳洲新南威爾斯州（New South Wales）的東南方，全新州光是國家公園與各類保留地就有八百多處。位於雪梨北郊的Garigal國家公園，設立於一九九一年，占地二十二平方公里。

當時，Garigal國家公園園區因營運經費不足，便將位於園內Belrose地區的一小塊邊陲地區土地分割出來，交由ANZ（澳盛）銀行集團申請開發為Austlink企業園區。經過闢建道路、公共設施、地下化電纜與排水系統等公共工程，開發成為企業園區後，出售予企業或廠商做為辦公或廠房之用。

吳進昌就是看上了這個環境優美，空氣清新，有如觀光聖地的園區，心想在這樣的環境生產製造健康食品或保養品，應該是最理想的。

不過，吳進昌當初去看地時，企業園區像是個未開發的荒林區，那時只有王安電腦及Panasonic兩家公司在此興建廠房。由於該企業園區緊鄰國家公園，景觀優美，空間又大，吳進昌相當滿意週遭環境及條件，於是在一九九六年買下園區制高點的一塊土地。

消息一曝光，開發公司就以「Nature's Care進駐Austlink企業園區」做為宣傳，沒想到效果出奇的好，沒多久整個園區的土地就賣完了。由此顯見，當時Nature's Care在澳洲企業中有多大的影響力。

一九九八年初，Nature's Care新廠正式提出建築執照的申請，經過多次與建管局溝通修改設計圖，也多次往返首都坎培拉的澳洲藥物管理局，遞上建廠硬體設備設計圖，申請准予動工蓋廠。

在通過了建管局及藥管局核准動工的同時，卻接到國家公園的來函說，這塊位於國家公園的土地上，有很多的澳洲列為保護的珍貴植物，必需經過環境評估後，才能開工。

環境評估首先由國家公園選出合格的學者專家，調查該土地一年四季的動植物生長及活動的情形做成年度報告。

經過漫長的兩年評估後，由於這些列為保護的珍貴植物，皆位於地表上方三十公分土壤的表土層中。經過了幾次與國家公園管理局的溝通後並達成協議，Nature's Care在建廠時願意將這些植物，連表層三十公分的泥土，一起移至國家公園所指定的地方繼續培植，同時付給國家公園一筆培植經費。

就這樣，開工晚了兩年，也讓Nature's Care建廠費用多花了澳幣兩百萬。

在移植之前，調查中也發現該土地內有野生動物生活的地洞，推斷應有動物棲息其中，因此必須捕捉移居。於是聘請了野生動物專家日夜守候一個星期，終於捉到一隻俗稱「王八」的袋熊（Wombat），並花了一筆經費將牠遷移至公園其他區域。

吳進昌願意遵照國家公園的各項規定，但肚子裡免不了吞進一堆委屈。這些在台灣根本不可能發生的事，對澳洲人來講卻理所當然。即便是澳洲或其他的跨國企業遇到這個情況，大概都會選擇放棄，然而他這個台灣移民卻選擇咬緊牙根堅持下去。

這一堅持，讓吳進昌有機會更深入瞭解澳洲政府對動植物生命的珍惜、對環保的堅持，以整體環境考量為優先，為後代子孫留下乾淨生存空間的遠見。瞭解之後，他打從心底受到感動，甚至開始以自己為環境保育付出的努力感到光榮。

陳素珍一直很支持夫婿的選擇，雖然曾經有過想放棄的念頭。但幾年前住家附近的一場森林大火，讓她見識到澳洲人對生命重視的強烈程度。看到樹木被燒，好像燒到自己一樣，每個人都很憂傷；消防車前來救援，即便知道人都平安出來了，卻還挨家挨戶地敲門巡視，看看有沒有貓狗沒逃出來。經歷了新廠地一連串的環評與遷移工作如此辛苦波折，她也不禁莞爾：「到底是環保重要？還是經濟重要？」

經歷兩年多的生態環境保衛戰洗禮，吳進昌與陳素珍都蛻變了。兩夫妻的內心徹底澳洲化，環境保育從此由腦袋裡融入血液中，從「觀念」變成了「使命」。

動植物遷移工作完成，廠區還必須做好水土保持。

工廠基地原本是一處斜坡，為了整地得剷除大量土方，廠房後方的邊坡得重新灌漿、處理排水。做好了，還不夠！澳洲法令還規定，灌漿的色澤必須與相鄰的土壤顏色相同，這樣嚴謹、唯美的要求，不知道是不是只有澳洲人才想得出來。如果到Nature's Care的廠房走一趟，不仔細看，還真的看不出那一片與周圍景緻相融合的堅硬岩盤，其實是擋土牆呢！

大費周章做了兩年環評，Nature's Care在二〇〇〇年拿到新廠的建築執照，廠房還沒鋪上半塊磚，建廠預算已經被切走澳幣兩百多萬。這過程很是折騰，但吳進昌只有一個簡單的想法：「這件事讓我認真的上了一節環保課，真想把這麼精彩的課程傳授到我們的家鄉」。

陳素珍說：「以一般生意人的眼光來評估，多半會決定不蓋，若賣掉還有錢賺，但他是那種做了就一定要做到底的人；我曾勸他賣掉而他不願意，所以多吃了一些苦頭。」

吳進昌情有獨鍾，看上了Belrose這樣的新廠落腳處，Nature's Care的企業形象從此猶如渾然天成（Nature Itself）：原料天然、產品天然、製造環境天然。

人的心，也天然了。

一個僅是養家糊口的移民夢，因為良心、因為堅持，成就了一個企業的嶄新願景。跨越千禧年，吳進昌心中對Nature's Care開始有了更遠大的計畫。

為了這個計畫，吳進昌除了讓工廠每天順利運作外，更利用空檔時間親自督軍新廠的建造工程，並為了彌補學識上的不足，晚上又到雪梨科技大學（UTS）進修MBA課程，期能儘快實現心目中的夢想藍圖。

Part 4

愛的感動力

幸福與愛的教育

來澳洲最值得驕傲與欣慰的，莫過於有兩個懂事又善良的寶貝兒子。

兩個男孩的個性自小就不同。老大Michael從小就很獨立，也很有主見，遇到困難總是臨危不亂。小時候和我們一起去加拿大旅行時，到達旅館後，頑皮的他不好好跟緊我們，到處亂跑，這家旅館規模很大又分成好幾棟，每棟都分別有二十多層樓，當我們拿到鑰匙進入電梯之後，這才發現孩子沒跟上，正急忙找他時，卻發現他正不慌亂地循著電梯一層一層的在找我們，讓我們很驚訝，只有六歲大的孩子遇到驚險竟能臨危不亂。

移民到澳洲之後大人因爲語言不太通，就讓當時讀小學的他，負起對外溝通的責任，這種種的經歷造就了早熟的Michael。小學六年級，他就開始在我們參展時擔任小幫手。在家他擔負起幫忙照顧弟弟及媽媽的角色。有一次弟弟到美國參加籃球比賽，他除了幫弟弟準備禮物及整理行李外，還不忘叮囑弟弟禮物的分配及出國要注意的事項，我頓時覺得很慚愧，因爲這些事原本應該是我作媽媽的責任。

小兒子Jack心地善良並善解人意，凡事都會替別人考慮，小時候未滿三歲，知道我們好客，看到客人來就學著替媽媽拿杯子泡茶，從小開始他就懂得替父母親分擔工作。

Jack從小是由哥哥幫忙帶大的，當哥哥做錯事情被責罵時，善良的Jack總是幫哥哥求情，因爲哥哥一直是他心目中的英雄。

吳進昌的童年時雖然清苦，卻過得相當精采。不過，在台灣看著兩個孩子即將面臨的升學壓力，他希望孩子也能和他一樣擁有美好童年時光，這是促使他舉家移民來澳洲的重要原因之一。對他來說，澳洲是孩子的天堂。

澳洲啓發性的教育方式，讓孩子們的生活相當愉快，課業輕鬆沒有壓力，朝全人格化發展。不過，對父母而言，在一個語言不通、文化不熟的國度，稅金高、家庭支出大，謀生已非易事，還要照顧孩子上下學、參與學校各項的課外活動，夫妻倆雖苦亦甘，也感受到在澳洲生活的孩子真的很幸福。

有軍人背景的吳進昌，對孩子的管教方式卻不剛硬。雖然他相當疼愛他們，但同時也用心以「身教」來引導孩子懂得感恩與付出。孩子們可以明顯感受到父母的寵愛，但伴隨著必要的管教與身教，兩個小男生就能在開放且自由的環境下，學習承擔責任與分享快樂。

陳素珍對孩子的管教方式則是「順其自然，卻不放任」。

移民的孩子有一個共同的特點，個性都比較獨立。特別是有些爸爸留在台灣當「空中飛人」，只有媽媽和孩子留在澳洲的。小孩除了提早學會獨立外，有些孩子還得幫忙處理家裡大大小小的事情。雖然我們全家都在這裡，但因爲父母親都忙著工作，也沒有太多時間來照顧小孩。

因為創業太忙，陳素珍沒有太多時間照顧小兒子，只好把小兒子交給大兒子管。小兒子也覺得，他似乎有兩個父親，一個是讓他予取予求的爸爸，一個是時時叮嚀囑咐他的哥哥。大兒子除了很獨立外，還很盡責的負起照顧弟弟的責任，有時候的要求甚至比父母親還嚴格。

陳素珍覺得丈夫對孩子的疼愛超乎常人。當小兒子數學考不好，他的第一個反應是責怪家庭教師的教學有問題，不是孩子的錯。小孩如果有任何需求，他總是想盡辦法做到，孩子若有想要吃什麼東西，隔天那樣東西一定會出現在餐桌上。

集家人寵愛於一身的Jack有一個外號，媽媽總是叫他「天堂的孩子」，或是「乖寶寶」。直到小學畢業，父母親仍然叫他乖寶寶，有一天Jack就跟媽媽商量，以後是不是可以不要在他朋友面前叫他乖寶寶。

雖然吳進昌從不對孩子發脾氣，但只要他說話大聲些，孩子們也知有所進退。

他們對孩子的教育方式有著與尋常家庭一樣的習慣，每當需要與孩子溝通，通常是互推給對方：「你去說」。

爸爸平常的爲人處世，孩子們都很尊敬、崇拜他，視爸爸爲英雄，特別是愛家、疼老婆似乎得到了眞傳。

不過他喜歡雜唸又健忘，我知道他常在背後說我都沒管好孩子，反正我假裝沒聽到就好。小孩學業成績能通過就好，我在乎的是孩子的品格教育，雖然我們很寵孩子，但我發現，眞正的寵是寵不壞的。我希望他們懂得愛自己也愛別人，成爲社會上有用的人，並時常提醒他們，別人對自己的好不能忘，懷抱感恩的心，路才會愈走愈寬廣。

就像她當初決定嫁給吳進昌，期望他成為一個懂得愛的人一樣，陳素珍認為，唯有愛，才是人性中最有價值與意義的元素。

關於愛，吳進昌還有一種特殊的表達方式。

他是位愛下廚的大老闆，樂於天天為家人進廚房張羅餐點，也非常喜歡採購各式食材，甚至還能製作許多醃漬醬菜，對孩子們的點菜也總是使命必達，只要孩子說出想吃的菜，餐桌上絕對可以看見。也難怪家中需要有三台冰箱，否則如何變得出這麼多樣的菜色。

移民前鮮少下廚的吳進昌，到澳洲後，想吃家鄉味就得靠自己。過去在台灣時，因時常光顧住家樓下的餐廳，與店家、廚師熟識成為好朋友，時常在聊天時討論食物的口味和作法，讓他默默的記住菜餚的材料與做法，加上他對美食本來就有偏好，自然而然在離鄉後，就成為家中的煮夫。而且，他一整天投入在工作，每天也只能趁下班時為家人烹煮一頓美味的晚餐，這是他犒賞家人最好的禮物，也是他向家人表達愛的最好方式。

家庭教育充滿了愛、自由、責任和美味。學校的教育則是先苦後甘。

剛到澳洲時，大兒子在學校因為語言不通，經常吃悶虧。當時調皮的同學會在嬉戲中，故意打大兒子Michael，然後再向老師告狀說Michael欺負他們。因為無法順利用英語充分表達事實的真相，以致於造成老師的誤判，而對Michael做了懲處，Michael只能啞吧吃黃蓮。

明明在學校吃了虧，Michael卻懂得回家不向父母訴苦。直到後來，他學會以英文溝通後，才將這個委屈講出來，當時陳素珍一陣鼻酸，吳進昌則決定開始教孩子跆拳道，一來可以練身體，二來也給他自信心，即使不會講話也可以不被欺負。

這件事讓陳素珍感觸很深，移民這條路雖是為了孩子的教育，但剛開始的語言及文化的適應確實也讓孩子吃了不少的苦。不過，生性樂觀的陳素珍知道，若懂得細細品嘗，苦味之下也常有另一種甘美，讓人生留下另一種美好與養分。

大、小兩個寶

移民的二十年中，吳進昌認為自己生命中最值得驕傲的，不是Nature's Care的規模與營業額，不是擁有多少的財富，而是兩個長大成人的兒子。

我想我的選擇是正確的，當初移民就是考慮到孩子以後的教育問題、社會治安和交通安全等等，我們想換個環境；如果有能力改變下一代的生活環境，我當然要試著去努力。

「澳洲是孩子的天堂」這句話是吳進昌夫妻對移民生活的最大註解。「在這裡，孩子的運動項目如果得到好成績，獎盃、獎牌是好大一座；但如果是學業成績好，就只有一張小小獎狀鼓勵。」

看到孩子們開心地成長，即使週末都得忙著接送他們，四處參加各種活動，陳素珍還是笑得很燦爛。

「澳洲的學校教育採誘導式，中學開始，校際間的交流舞會時常舉行，男孩子得穿著禮服拿花邀請女伴跳舞，讓孩子提早學習到兩性相處的社交禮儀，在這樣的教育體系下長大的孩子不容易學壞，人格也會比較健全。」因此，無論是公司或社團活動，吳進昌總是鼓勵孩子參與其中，協助負責規劃、接待、主持，他們小小年紀便有很好的流程概念與台風。

澳洲的生活空間環境區分的很清楚，住宅、休閒、商業、遊樂區各自集中在所規劃地區，而且法令相當嚴格，未成年飲酒吸煙是要重罰販售的人，孩子在單純健康的環境中學習成長，即便夫妻倆移民初期創業吃了不少苦，但兩人始終認為「走這條路是對的」。

在辦公室裡，即將大學畢業的小兒子Jack向父親說明股市行情與投資現狀，見到股價指數上揚曲線，吳進昌嘴角的揚幅更大；「老二讀的是投資，我們也培養他正確的投資觀念，給他一些意見並提供部分經費投資，但不能是賭博性的，有時幫他監控看盤，他自己也從網路搜尋到很好的資訊，學校課程加上實務經驗，他和幾個同學都很會投資理財。」

吳進昌的兩個兒子，個性不同，他認為大兒子早熟、有責任感，個性剛強，做事勇往直前，想做的事就會努力去完成，功課成績較好，也比較能吃苦；陳素珍也說，大兒子個性獨立，一歲多開始不喜歡被抱，三歲就會自己拉著皮箱走路，不必大人協助，「路人以為我們虐待兒童，其實是他自己很喜歡這樣做的。」

相對的，小兒子Jack待人親切，一年到頭看不到發一次脾氣，答應做的事經常忘記，但貼心的程度總讓許多阿姨們讚賞不已。胡振芝說，「新廠開幕當天，大家都很忙碌，公司走道上擺滿了禮物，他看見女員工們穿著裙子搬東西不方便，他二話不說主動接手幫忙，讓人很感動；」林萍則補充，「他很會做菜，挑選食材很用心，非常認真的在做。」

吳進昌愛下廚的基因，遺傳到小兒子身上。每年的母親節，他總會花費數日規劃菜單，了解食材、步驟和做法，親自下廚為母親陳素珍及猶如第二個母親的Margret，還有女朋友的母親，精心烹調西式料理，並列出當天的前菜、主菜和甜點，猶如在餐廳般一道道的端出，送給三位母親作為賀禮。

當時朋友問他，何時開始學做菜？他回答說，從我要在母親節做好吃的菜給媽媽時開始學的。

的確是這樣。有一年母親節，當Jack還是小學生的時候，他起了個大早爲媽媽做了一頓豐富的早餐，那是Jack生平中第一次做早餐，他送到我的床前，讓我好生感動，從那次之後他就開始爲家人做好吃的菜。

我告訴他，當他成爲名廚時我將爲他代言，他是以做菜給心愛母親吃的心情來爲大家烹調的，而且每個動作都以尊重的心進行，菜餚美觀又可口，一點也不比高檔餐廳遜色。

每個孩子都是獨一無二的，父母親應該要學會差異的教育方式。面對大兒子的臨危不亂，天生俱有的領導特質，陳素珍總是提醒他要慢慢來、別太拼；但碰上小兒子，則得不斷要求他多努力一點。不過，兩個孩子的共通點是朋友多，能與不同年齡層的孩子玩在一起，人際關係相當不錯；加上青少年期隨著鄰居到教會參加活動，進而養成規律的教會生活，視野也更加開廣。

台灣的父母，多半是極度的呵護子女，盡力提供孩子無憂慮的讀書環境，吳進昌的想法則不同。他認為多多打工可以產生樂趣並累積人生經驗。

爲了孩子而移民海外的家庭，家境大都不錯，父母總認爲家裡並不缺少孩子打工賺取的那點辛苦錢，自己苦過了，想要把最好的給孩子。

在澳洲打工可以讓年輕人提早熟悉職場生態和臨場反應，當打開履歷表時，豐富的工作經歷總比學歷來得更吸引雇主的青睞。因此，我們決定孩子一旦開始上大學，每星期必須到公司打工一天，寒暑假期間則頻率增加。

澳洲的教育制度認為打工是必要的社會教育，因此澳洲大學為配合學生的打工習慣，日夜間皆排有課程以供選擇，吳進昌要求孩子設法調課配合上班時間，大兒子在公司幫忙行銷工作，小兒子學習行政管理，「大學四年加上假期，等於有一年多的工作經驗，在申請讀碩士時，公司可發給工作證明，入學會比較容易，有工作經驗後讀起書來也比較靈活，又有一點收入可以自己管理。」

「這樣的訓練並不是為了企業接班而安排，吳進昌在澳洲努力這麼多年，難免期待孩子能成為接班人，但他深知「Nature's Care將朝專業團隊經營方向前進，光是靠個人是不足的。」

他自己沒有高學歷，但豐富的社會歷練讓他體認到社會教育對孩子的重要性，應該讓他們提早接觸。若是等到大學畢業後再出社會，不但為時已晚，而且比較容易被迷惑。

「社會上要學的很多，就像喝酒時該如何控制自己一樣，孩子們都會喝一點應應酬，但他們都知道如何不越界。」所以孩子在大學期間，夫妻倆不嚴格要求課業成績，但鼓勵孩子要學習規畫自己的生活，「他們想在家裡辦活動我都隨時歡迎。」

對於孩子人生方向的選擇，吳進昌與陳素珍都相當開明，他們只會提供看法，讓孩子自己參考判斷。

澳洲在高中階段，學校會進行許多性向測驗，讓老師和家長有機會做溝通時，協助了解孩子的性向。大兒子選擇藥學，吳進昌較不擔心，小兒子的性向顯示他適合朝藝術、烹飪方面發展，吳進昌覺得會比較辛苦，於是建議他學商，其他興趣可成為豐富生活的嗜好。小兒子欣然接受父親的建議，他認為自己國中時愛玩，成績不太理想，高中後開始思考未來，接觸了商業相關課程後學得很開心，於是高中畢業後選擇了澳洲以商學出名的麥傑里（Macquarie）大學就讀，而烹飪仍舊是他重要的生活樂趣。

大兒子大學畢業後，原想赴美攻讀商業企管碩士，一來語言無障礙，二來美國亦是製藥大國，但受到父親的反對。擔任過軍職的吳進昌相信，經過磨練的人格會更健全，用台灣的俗話說就是比較「耐操」。澳洲的教育環境很自由，但舒適的生活反而比較欠缺磨練的機會。台灣的男孩子在出社會前大多還要經過兵役的洗鍊，人格會比較健全。基於這個考量，吳進昌提出了孩子們從沒想過的選擇：留學日本。

日本在泡沫經濟後，跌進失落的十年，至今未有明顯起色，人們是如何在環境中掙扎、發展？在冬季氣溫降到零下二、三十度的北海道，該如何生存？即使不景氣，日本生產的農作物依然能大量外銷，又是如何做到的？對吳進昌來說，日本就像亞洲的瑞士，人們做事按部就班，重視團隊而非個人，尊重體制倫理，這些都是澳洲教育體制與環境比較欠缺的。而且，無論經濟調查或製藥生產，日本的技術相當精進，是深獲世界信任的國家，他們做事態度的嚴謹與澳洲的隨性天差地別，雖然多學一種語言會比較辛苦，卻可以藉此深入認識日本文化，看到極為不同的視野。

「我告訴他，去日本會很辛苦，但那是一種磨練，因為家庭教育還是有限的，一直生活在溫室裡不知好壞，放出去就會懂得家庭的溫暖和可貴。」

經過仔細思考後，Michael決定接受父親的建議，赴日求學，即使網路無國界，日本的各類資訊隨手可得，但文化內涵還是得透過親身體會才能了解箇中的滋味。

向來剛強獨立的大兒子，不只在日本學習新的語言，更努力的考取獎學金。課業之外，並繼續參與公司的行銷工作，步伐不但沒有後退或停滯，即使身在異鄉，而心仍與家人同在。從小照顧弟弟習慣了，即使人在日本念書，Michael還是會透過網路，交代Jack生活中所有該注意的細節。

在準備迎接大兒子學成歸國的同時，大學畢業的小兒子也效仿哥哥赴日留學，第一次送小兒子遠行的陳素珍，在機場因不捨而淚流滿面，她知道之前相同的劇情又要重演一次，但為了孩子的成長，她放手讓孩子去飛。

二〇〇九年母親節的晚餐就是由Jack親自掌廚，他準備了一桌可與五星級餐廳媲美的佳餚。朋友問Jack爲什麼那麼會煮菜，Jack只回了一句很簡單的話：「因爲要做好吃的菜給媽媽吃，因此會注意烹煮的細節，再加上使用最新鮮的食材，這樣就可以做出可口的原味。」當時我聽了好感動。今年八月他到日本東京去讀書，當我送他到出境處後，讓我想起並體會到龍應臺的著作《目送》所寫的，「孩子長大了，在短暫相聚後，只會是一次又一次的在不同場合目送」。

自從他們有了女朋友後，家裡似乎更熱鬧了，好像多了兩個寶貝女兒，尤其是他們在日本留學時，兩個女孩經常會來家裡作伴。

即使個性不同，兩個孩子確都長得體型魁梧，讓吳進昌相當得意。兄弟倆出生時體型都不大，但後天照顧得當，現在都有一百八十公分高了。陳素珍笑著說，「那是澳洲的鮮奶濃純啊！」

在孩子心目中，吳進昌是個堅強的父親，也是孩子的模範與後盾。他從沒待過溫室，就像在原野中歷經大自然，時而溫暖照顧、時而無情打擊的野生物種，因此他深切地瞭解，愛孩子，就要帶領他們度過千錘百鍊，讓他們在自己身上找到生命的真正價值。

付出越多，收穫越多

為了移民間彼此交流、排解思鄉情緒，吳進昌剛到澳洲便與僑界頻頻互動，後來為了兩個孩子的中文教育，更積極的參與台灣同鄉會活動。

孩子一定要學習中文，不能忘本。但我們剛到澳洲時，孩子學中文的環境很欠缺。台灣同鄉會成立後，設立了附屬中文學校，每週日上午上課，依孩子程度設立不同年級，由僑委會提供課程教材。

「當時我工作忙，無法抽身參與台灣同鄉會各項事務工作，但同鄉會辦活動時，我都會盡全力的支持。」專心創業與照顧家庭的吳進昌，透過台灣同鄉會開始積極參與社團，間接地也建立了他的人脈。

台灣同鄉會於一九九〇年成立，是澳洲政府核准的第一個台灣僑社團體。成立之初沒有會館，僅在一間美容院後方租了一個小房間作為辦公室，每次開會都是在燙髮藥水味中進行，因此會員們決定募款成立建館基金，將來準備購置一個同鄉會館。

每年聖誕節期間，台灣同鄉會都會舉辦歲末聯歡活動，吳進昌除了常常提供自家產品義賣外，亦常慷慨解囊贊助經費。

「一個人的力量只有一點點，可以做的實在很微薄，但我以每年持續贊助的方式，聚沙成塔、積少成多。因爲每個國家都有他們自己的會館，我很期待能建館給台灣鄉親一個家。」

在吳進昌拋磚引玉的帶動下，僑界紛紛出錢出力，使得建館基金逐年累積，第五年即籌足所需經費購置了會館，孩子們上中文課也更加方便，中文學校高峰期曾有多達四、五百名學生。

儘管台灣同鄉會的設立，是為了凝聚僑居台灣人的意識，但在會務上，並非僅專注於同鄉的僑胞。在台灣同鄉會投入相當多心力的藝術家董大山提到，當時許多移民給當地人的感覺，只是在消費及享受澳洲的資源，並未對澳洲社會做出貢獻；故此，即使自己尚未籌得足夠的建館經費，台灣同鄉會仍積極為澳洲弱勢團體舉辦募款活動，抱著回饋的心情，也希望讓澳洲社會能認識台灣人的質樸與可愛。

「那一年，我們為雪梨當地的聾啞學會募得了六萬五千元澳幣，以台灣同鄉會的名義捐出，Nature's Care就是當時最主要的捐款企業。我想這筆費用對聾啞學會來說，應該是筆相當大的捐款，所以他們特別按著同鄉會地址找來要答謝，沒想到竟是一間毫不起眼的小辦公室。」董大山說。

自從參與Nature's Care的設計工作後，董大山與吳進昌夫婦也成了好朋友，他也益發瞭解吳進昌的做事風格。「吳進昌對台灣懷有很深的感情，從我第一次加入台灣同鄉會協助處理事務開始，同鄉會每次辦活動的贊助名單中，一定會有『蕾綿吳進昌』，也只有他是從頭到尾每屆都有贊助的企業家。企業家愛奉獻不是光用嘴巴講講，必需要有實際的行動，在僑界比Nature's Care還大型的企業還很多，但真正能出來贊助的也只有那麼幾個。」

除了僑界社團外，其實吳進昌夫妻對公益慈善團體的付出也從未間斷過。

「初移民到澳洲時，心中十分孤獨苦悶，星期六總是跟著表哥表嫂到佛光山南天寺參與南天講堂的活動，藉此孩子們在那邊有了玩伴及朋友，我們也因此找到了精神依靠，那個時期佛光山也於雪梨設立道場。

「隔年佛光山舉辦爲貧困海外留學生籌募獎學金晚會，我們懷著感恩的心，將當時在銀行總共不到五萬元澳幣存款的三分之一（一萬五千元）捐出。因爲小時候環境不是很好，很高興現在有這個能力和機會幫助別人。

爾後若有宗教或慈善團體與我們聯繫有關義賣或捐款的活動，我們皆義不容辭的予以贊助及支持。而且付出愈多，愈覺得高興。慈濟功德會、法鼓山、雪梨台福教會、台灣同鄉會、澳洲紅十字會、新州聖約翰救護中心等等，都在名單之列。也因爲經常參與各項義賣捐款的活動，我們的事業也隨著蒸蒸日上。我們夫妻發現，其時施比受更有福，也鼓勵員工多多參與各項捐款賑災的活動，像紅十字會所發起的印尼海嘯、海地地震等賑災活動，是由員工以公司的產品在街上義賣所募得的款項捐獻的。

藉由參與捐款活動，發現世界上的災難不斷會造成人心的不安。在一個特殊因緣中，接觸到法鼓山，並且聽到創辦人聖嚴師父「心靈環保」的理念，心想這個世界需要的是安定的心，才不會造成人心的恐慌，也才會有平安，因而感受到心靈環保對世界及社會的重要性。而兩個兒子也在雪梨的台福教會，找到了他們心靈的歸屬。

一般人是先把工作或事業做好，賺了錢後，行有餘力才去做公益，但我們不知道是什麼動力的驅使，要我們一定要去做，無論是否已經賺到了錢。其實我想我們只是一個拋磚引玉的人，很希望自己的行動可以引發更多人一起加入，即使有人能力有限或只能付出少許，但每個投入其中的人，都能夠共同享有這種參與感，這樣的募款或贊助活動也才更有意義。

吳進昌夫妻因認真投入工作，能參與公益活動的時間相當有限，但他們就像一個從未上蓋的罐子，見他人有需要，即便自己擁有的也有限，但仍樂於倒出自己的所有與人分享；罐子一日日的滿上來，他們掏出來送人的反而更多。

罐子永遠不裝滿，知足且感恩。或許正是因為這樣，他們心中才不斷地有廣大空間容納更多的祝福與歡喜吧！

在Nature's Care會議室四周擺放許多公司得獎的獎狀，及來自宗教團體、紅十字會等慈善單位的感謝函，還有許多各個社團頒給的熱心公益感謝狀，看上去有如是個慈善機構，不太像是個以營運為目的的工廠。

在雪梨僑界似乎都知道，有需要贊助或捐款的就找Nature's Care，吳進昌在瞭解贊助或捐款的緣由與需要後，都很少回絕，總是盡自己的能力去付出。

除了支持弱勢團體外，吳進昌對培育及提攜下一代也很盡力，每次有大學藥劑系或化妝品等相關科系學生要求來廠參觀時，吳進昌總是會親自帶領他們參觀並親自詳細的解說，最後還會送禮物給參觀的學生，這種熱忱一點都不像生意人。

基於給年輕人機會的理念，吳進昌擔任台商會會長時，一年中特別規劃了十二場的澳洲創業經驗分享講座，由當地具有實際創業經驗的台商，講述澳洲創業歷程的辛酸史，並積極邀請移民的第二代年青人來參與活動，讓他們有機會了解前輩的奮鬥心聲。

到場的移民第二代幾乎都是長輩帶著來的，他們的生活比較沒有經濟壓力，也容易滿足現狀，不知道創業需要面對很多很多的問題；也沒有想到很多事不是有錢就行得通，有些一定要付出相當的代價來換取的。

這些分享活動將經驗傳承給下一代，因此大家都鼓勵孩子出席，吸取更多的人生經驗。而移民的第二代在澳洲小有成就的人也不少，有人經營網路、珍珠奶茶連鎖店、超級市場或當律師、會計師相當成功的，培育下一代眞是刻不容緩的事。

此外，對於有意從政的社團青年中，吳進昌也提供支持與互動：「每個政黨在學校社團裡都有其青年代表擔任負責人等領導職務，舉辦活動或舞會時，需要企業贊助時，我正好藉此機會與年輕政治族群交流，其中不乏有潛力能浮上檯面的下一代。」

給予晚輩嘗試機會，是吳進昌周邊許多年輕人對他最感謝之處。

趁著年輕想創業的江亮慶，對自己能在台灣成立公司代銷Nature's Care的產品感到很開心。因為想取得國外品牌的代銷權，往往需要支付龐大的權利金和很多的擔保，而且下單訂貨後隨即要電匯付款，創業的資金門檻相當高，但Nature's Care基於支持年輕人的理念，總在資金上給予方便，讓江亮慶在百貨公司專櫃的銷售，因而有了起色。

江亮慶的母親林雅美曾是慈濟證嚴法師的左右手，在雪梨開拓澳洲分會時認識了在地大力支持的贊助企業Nature's Care，但卻未曾與吳進昌夫妻見過面。在這之前，江亮慶旅居澳洲期間發現了Nature's Care「澳洲製造」、「純天然」等品質上的優點，便和吳進昌接洽合作行銷事宜。林雅美直到回台灣協助兒子創業時，才與吳進昌夫婦碰面。

稻穗越飽滿越低垂

「一時失志勿免怨嘆，一時落魄勿免膽寒」是台灣流行歌曲「愛拼才會贏」的歌詞，道盡許多認真努力、贏得勝利人們的心聲，成功路上的跌跌撞撞在所難免，只要持續不懈，就能離目標更近。

對吳進昌來說，經過創業初期的波折、突破與學習，在陌生的國度裡一步步走來，克服了語言、法令和文化差異，仰望著藍得透亮的天空，就像他的心境一樣，愈來愈踏實。

一九九六年，在澳洲土地上歷經六年的奮鬥，Nature's Care由八百多家參選企業中脫穎而出，獲得入圍澳洲電信與聯邦銀行主辦的新南威爾斯州製造業小型企業獎（Telstra & Commonwealth Bank New South Wales Small Business Awards），這是Nature's Care成立以來獲得的第一個企業獎項，更是第一位台灣移民、第一次亞洲人企業主入圍。它不僅是一項榮譽，對吳進昌夫妻的努力成果更是一分肯定，未得到官方任何協助與輔導的GMP製造廠，靠著倆夫妻一路劈荊斬棘，終於在白人世界裡獲得認同，證明創業成功沒有捷徑，惟有決心和毅力。

取得在地企業獎項的鼓勵後，一九九八年，家鄉台灣也傳來好消息：吳進昌獲得第七屆海外華人創業青年楷模獎，陳素珍同時獲得相扶獎。異鄉創業的道路上得吃多少苦，只有他們自己最清楚。回到台灣參加僑委會舉行的頒獎典禮時，兩夫妻相當開心，背水一戰的決志奮鬥，讓他們衣錦還鄉、榮歸故里。在花蓮鯉魚潭邊成長的吳進昌，與在嘉義糖廠長大的陳素珍，兩個都來自鄉間的淳樸夫妻，將台灣水牛般的勤奮精神帶進彷彿是退休天堂的澳洲，挑戰自己，成就不凡的結果。

帶著獎盃、獎牌，以及和總統李登輝的合照，吳進昌夫妻回到雪梨的工作崗位，繼續往自己的目標前進。

吳進昌獲得獎項肯定後，非但沒有驕傲姿態，反而更加謙虛待人。每年慈濟基金會的義賣他都熱心提供許多產品，證嚴法師曾說過，「若無法隨侍在側當個貼身弟子，那就當貼心弟子吧，將自己分內的工作做好、照顧家人和朋友，就是行善的方式。」

或許吳進昌與陳素珍本來就俱有善根，加上身邊總不乏好友關心提醒，Nature's Care攀登得愈高，吳進昌愈知道更應該彎下腰來，心思細膩的陳素珍也總會適時提醒他謙卑處世。雖兩人個性不盡相同，但盡己之力幫助有需要的人，似乎和他們用良心經營事業一樣，都是他們始終堅持不變的原則。

一九九九年九月二十一日凌晨，中台灣發生驚天動地的大地震，消息很快傳遍雪梨僑界。遠在南半球的吳進昌得知後，不停思考應該如何付出自己對家鄉的關懷。

「每當台灣電視新聞畫面播放著斷垣殘壁的房子與無家可歸的災民時，素珍每次都會邊看邊擦眼淚，我的心情也揪得很緊。後來我們知道台灣同鄉會發起賑災募款，她馬上拿出皮包裡一個兩克拉的鑽戒要捐出義賣。那枚鑽戒是在公司經營有起色後，我特別為她挑選的，不過她平常的打扮很儉樸，鑽戒都常放在她皮包裡。」

「我知道這枚鑽戒對她來說是一個累贅，但我告訴她，鑽戒的單價高，依據以往拍賣的經驗，高單價商品拍出的可能性較低，而且我一定會捐款的，這個有紀念性的鑽戒就留著吧！」

當時陳素珍知道吳進昌一定會捐錢，她自己也真的很想替台灣的災民多做點事，將這顆頗具紀念性的鑽戒捐出去，雖然她心裡也有點不捨，但她這一割捨，反倒激勵吳進昌願意捐助得更多。

那時候，有些海外僑社原本正在籌辦雙十國慶晚會，九二一地震後僑社決定取消慶祝活動，改以募款活動來向災民致意。而雪梨的國慶晚會雖仍舊如期進行，但活動內容改變為讓遠在澳洲的台灣人，凝聚在一起，貼近感受同胞們的苦痛並為他們祝福。

雙十國慶晚會破天荒的首次在知名的雪梨歌劇院舉辦，總策劃是董大山。晚會前半段節目，是報導台灣的過去、現在與未來，即使經歷許多災害，台灣人仍屹立不搖的重新站起；其中一段節目邀請了台灣子弟演奏交響樂，以及由四位優秀青年朗誦史詩，吳進昌的大兒子Michael也在其中。

晚會後半段進入了高潮，由象徵台灣精神的成功企業家吳進昌身穿廚師服，推著由台灣運送而來的三層大蛋糕進入歌劇院的中央，此時會場螢幕正播放著震災畫面，此一安排，象徵著即使受到巨大災變撼動，卻不會震垮台灣，從風雨中走過來的台灣人會更加堅韌。

這段壓軸讓當晚參與活動的來賓感動落淚，晚會募得十二萬多澳幣，儘管這筆捐款和龐大的重建經費相比只是小數目，但卻是雪梨僑界最真的心意。

四年多後，SARS病毒席捲亞洲，台北和平醫院遭封鎖的新聞畫面再次撼動了吳進昌夫妻的心，顧不得大量的訂單在排隊，他們停下一條生產線，以最快的速度改生產具有防SARS抗病毒效果的蜂膠精華液和茶樹清潔噴霧，同時聯繫航空公司，將價值台幣三百萬的產品火速運回台灣捐給醫院供抗SARS使用。

看到那些被隔離的醫護人員，我們的心都很痛，我知道澳洲有很好的配方，絕對可以協助第一線防疫人員預防SARS，即使身在海外，我們沒有遲疑。台灣，是我們心中所牽掛的故鄉。

漫漫建廠路

Part 5

面對——透支大於夢想完成度

二〇〇五年五月七日，Nature's Care位於雪梨Belrose的新廠舉行開幕儀式。當天冠蓋雲集，澳洲聯邦總理霍華德的代表——老齡事務部部長畢什普、澳洲聯邦政府司法部部長雷鐸、新南威爾斯州州長卜卡的代表——新州上議院議員曾筱龍、新州影子司法廳廳長漢普森、新州影子計劃廳廳長哈契特、澳洲貿易局局長、台灣外交部禮賓司司長賴建中、台灣駐雪梨台北經濟文化辦事處處長林錦蓮，以及十多位當地的州議會議員及地方民意代表皆蒞臨參與，而來自全球各地的代理商與嘉賓更是不計其數。

這個重要的日子裡，吳進昌全家動員，除了兩位主人不斷招呼絡繹不絕的貴客外，兩個兒子也肩負起活動流程的控管與各項瑣事。

Nature's Care的大家長吳進昌開始致詞，在台上，看著台下數不盡的嘉賓、夥伴、親友，齊聚一堂見證此重要時刻，心中的紛雜與感觸瞬間湧起，但他沉穩地安撫著興奮的情緒，頓了幾秒後有感而發地說：

「六年了，已經匆匆的過了六年了！

自從Nature's Care拓建新廠以來，這段時間，許多中學生已經變成了大學生，而大學生則畢業進入了社會，甚至結婚了。

為何拖這麼久，今天才完工呢？

各位親愛的朋友，我在大家的臉上看到一個個大問號？」

是的，Nature's Care的新廠整整蓋了六年。

經歷了建廠前兩年的「生態考驗」後，二〇〇〇年澳洲政府終於核發建照，照理來說，一般工廠的工程期頂多兩年，吳進昌當時移民到澳洲也不過才十年，沒想到接下來卻花了近六年才蓋好新廠房。

為什麼要蓋這麼久？因為廠房面積太大嗎？

那時候陳素珍對土地的面積沒有什麼概念，聽起來好像很寬廣，多花點建築時間也很合理，加上公司資金都由夫婿處理，她沒特別過問進度問題，只記得當時吳進昌一有機會就拿著設計圖，喜孜孜地不斷向她解說新廠的規劃與格局。

吳進昌知道她喜歡薰衣草，因此得意地跟她說，他特別在工廠周圍種了一大圈共六千多株的薰衣草，以後她上班時都能欣賞到自己最愛的花草。

自認具有完美主義特質的吳進昌，把自己對Nature's Care的期待都放在新廠設計上。這段時間裡，他不但像是建築師，更像是一個導演，在設計每一個結構、畫下每一道線條時，腦袋裡就會浮現一幅幅美好的畫面：

以噴泉造景的玄關可以讓賓客耳目一新，留下第一眼的好感；

即使是製造廠也可以有飯店式的外觀，玄關以落地玻璃門分隔裡外，不但空間明亮，更能充分感受到氣派；

接待櫃檯後方牆面巨幅的「Nature's Care」炫銀色字體，充分展現公司的雄心與淳厚；

大廳兩側彎角造型的階梯，取自螃蟹兩隻大螯的意象，希望公司大門能帶來穩固壯碩的成長；

……

吳進昌的設計視角從平面拉向空中，在他的規劃裡：

廠區整體結構若由空中望去，微彎的造型猶如澳洲原住民的「回力標」，屋頂尖端突出的部分，採用大鵬展翅為設計概念，有衝高、飛遠的意義，而一支好的回力標，拋出去之後，無論力道多大，它都會在空中繞一圈回到原來丟擲者的手上。

我希望Nature's Care能像大鵬鳥一樣展翅翱翔天際，又能像回力標一樣回到原點準備蓄勢待發，只要打好穩定的基礎，積蓄足夠能量，就能持續不斷向四面八方開展，創造Nature's Care的無限機會與價值。

吳進昌認為，Nature's Care以製造護膚品和健康食品為主，整體環境與設計對企業形象與品牌都有相當影響。因此建廠時即以能夠生產藥品的cGMP最高標準為目標，將Nature's Care的企業整體等級向上提升一大步，透過更嚴格的品質控管，讓世界各地的客戶對Nature's Care產品更具有信心。

這是個挺美好的建廠精神與目標，不是嗎？

難怪吳進昌會被稱為「理想主義者」，換個角度來看，其實他徹徹底底就是個造夢人。夢想與理想對他來講是同義辭，理想與現實之間經常畫不起來的等號，他從沒看在眼裡。

因為太投入在蓋新廠的工作裡，每當員工需要吳進昌做決策卻找不到人時，陳素珍總是笑著說：「他現在改行做建築業了。」那意思就是要員工去工地找老闆。

新廠的每一個角落，都有吳進昌細膩的用心和關注。

當時林萍剛調派來雪梨不久，有一次她到Nature's Care拜訪，吳進昌向她介紹舊廠運作後，也順便帶她參觀施工中的新廠，那時的「新廠」還只是幾座樓梯和混凝土建築的結構，完全看不出完工後的樣貌，但吳進昌帶著她一邊走，一邊跟她導覽說「這裡是接待大廳」、「這裡是辦公室」，彷彿他眼中看到的不是這些結構，而是已完工的成品。

建築藍圖好像不在他手上，而是在他腦裡。

當時林萍才與吳進昌認識不久，但言談間她卻能充分感受到吳進昌對Nature's Care的用心與熱誠。

不過，要完成他的藍圖，顯然必須投入超高標準的成本，光是基本建材，他就要求採用高品質的德國不鏽鋼材、大片花崗石。由於要求精雕細鑿，施工時間也跟著拉長，時間與人力成本一起飆高。

有一天，公司的財務人員跑來跟陳素珍說：「老闆沒錢了，因為他把工廠蓋得太豪華，像一座五星級飯店。」陳素珍這才知道新廠的超支情形遠大於想像。

她將這個狀況告訴吳進昌，他聽見了，但是卻沒有特別反應。

做老闆也有十幾年經驗了，吳進昌隨便算都知道建廠超支出的數字變得有多大。但對一個造夢人來講，那個數字代表的意義不是「透支」，而是「夢想完成度」。

陳素珍不曾站在雲端，凡事務實思考的她認為，公司的營運利潤與支出之間要有合理的平衡，倘若因為支出飆高而動用原有的資產來作調度的話，公司可能會陷入經營危機。換言之，這可能代表他們夫婦移民十多年的心血可能毀於一旦，不，應該說毀於一間吳進昌的夢幻宮殿。

面對工程款不斷支出、舊廠生產量有限的窘境，陳素珍心頭上的壓力大增，和夫婿的關係一時間也變得緊張，理想主義者與務實主義者在面臨危機時想法很容易對立、僵持。

繼續照吳進昌手中的藍圖蓋下去，Nature's Care從事業巔峰栽下來的風險與日俱增，但建廠工程的進度也不能停下來，他們已無法走回頭路，只能依靠舊廠繼續硬撐下去。

「那時他每個禮拜帶我去看工廠，每次都說，你看工廠快蓋好了，我去了五、六個星期還是只看到廚房，他第一個完成的就是廚房和外面的薰衣草花園。」對於夫婿的樂觀，陳素珍覺得好氣又好笑，她可以感受到吳進昌知道透支是因為自己的決策錯誤，即使口頭上沒認錯，但她知道他每天晚睡早起勤奮的努力，就是希望彌補自己過度理想化所衍生的營運困境。

他一直都是這樣一個默默承擔的人。

陳素珍也一樣。她從不苛責自己摯愛的丈夫，除了心疼他不眠不休的操勞外，也只能默默地幫他分憂解勞。從風險管理的角度來看，公司現況不甚理想，但公司的事她向來尊重先生的意見，於是也只能跟著他咬緊牙關面對眼前的難題。

吳進昌把這間新工廠視為事業生涯的另一場賭注，即便手上的籌碼愈來愈少，但是當他一個人坐在工地一角，看著手上的藍圖和工地上隱隱若現的結構，心中的不確定感竟如此輕淡。吳進昌的篤定與泰然，連與他一起拼事業的妻子都無法體會。

吳進昌獨自站在新廠工地上，四周是廣闊的山林，那一刻，他心中有了一種清晰的感覺：只要再堅持下去，把新廠這塊基石用心雕鑿起來，在往後的幾年Nature's Care肯定可以再次超越巔峰。

理想主義者若加上「堅持」的特質，造夢人確實會有實現夢想的一天。但是，在美夢成真之前，苦難卻好像沒有盡頭。大概永遠只有理想主義者自己，看到盡頭處微弱的光點，鼓舞著他一個人。

接受——嚴苛的建廠標準

屋漏偏逢連夜雨。

澳洲第一大的潘氏製藥廠（Pan Pharmaceuticals），在二〇〇三年發生了一件嚴重的產品回收事件。潘氏製藥廠所代工生產的暈車（暈機）藥Travacalm，因造成近百人服用後出現的情緒激動、注意力不集中、幻覺等症狀，其中有十九人嚴重到必須住院治療，於是澳洲藥管局在該年元月下令回收Travacalm產品中的兩項，同時對潘氏藥廠展開一連串的調查。

澳洲健康食品的管理一向就比美國、英國等其他國家嚴格，因為澳洲的健康食品是由藥管局管控，其製造流程與配方都必需依照製藥的高標準來進行。而在美國等其他國家，健康食品則歸屬食品類，由食品檢驗局管理，規範相對比較寬鬆。

藥管局在調查後發現，有問題的Travacalm藥片中，有的成分的劑量明顯不足，有的劑量則超標達七倍之多，並在製程中發現九大嚴重缺失，其中有一項最嚴重的是：產品標籤所示的成分與實際內容不符。

因為這起事件，藥管局瞭解到，倘若這是一個普遍的問題，那麼潘氏藥廠的藥物對人體健康將造成極大的傷害。於是，在事發後三個月，展開澳洲史上規模最龐大的下架行動，回收潘氏製藥廠生產的各項產品，由最初的兩百一十九項迅速擴展至一千六百多項，包括已外銷到海外的部份。潘氏製藥廠是澳洲最大的代工廠，外銷的健康食品與藥品中，占比高達七成由其生產，每年為國家賺取不少外匯，但政府仍以消費者權益為重，勒令關廠並堅持貫徹下架回收行動，使得潘氏製藥一夕間股票下市，老闆還必須坐牢。

原本潘氏藥廠不服藥管局決策，為了商譽與三百多名員工的生存，準備與政府對簿公堂，但不久後自己發現內部確實有製程失誤與變造檢驗數據的控管瑕疵而作罷。經不起回收事件的巨額賠償與損失，潘氏製藥廠就此關廠，很多股票持有人及供應商都受到重大的損失。

潘氏事件讓市場大餅空出一大塊，也讓在澳洲為數不多，有能力符合製造藥品及健康食品的廠家紛紛摩拳擦掌，準備分一杯羹。原本對Nature's Care是個商機，但對即將完工的新廠來說，則是另一個災難的開始。

因為藥管局在經歷此問題後，發現原有的cGMP製造廠稽核評定內容與方式可能有疏漏，於是全盤檢討、重新修正，制定更加嚴格的標準，也讓澳洲政府認真評估與改進藥品和健康食品的品質安全和管控體系。

新的製造廠稽核評定的新標準變嚴格了，這就表示Nature's Care籌建中的新廠也必須重新配合新標準來進行調整。為了等候新規範的修訂，已延誤的工期再度耽擱，直到二〇〇四年才終於完成所有工程。

由環評到水土保持，由預算超支到潘氏藥廠事件，Nature's Care的新廠終於在歷盡千辛萬苦後完成，陳素珍覺得，當初她認為的錯誤決定，現在看來也許是對的，澳洲政府對環境的保護、對消費者的重視，讓她得以由新的角度思考自己的經營理念。而始終貫徹自己理想不放棄的吳進昌，每每站在工廠前回顧過去所遭遇的一切，還是非常滿意自己的決定。這裡的一草一木、一支鋼樑或一片石板，都有他辛勞其間的汗水。

「我以永續經營的想法蓋了這間像飯店的工廠，在澳洲從來沒人把工廠蓋成這樣的，所以那些建築師、建築工人都很自豪，完工後還帶著家人來參觀，特別是花崗石打造的玄關；」不只如此，許多客戶到新廠洽公時，總是讚譽不絕，讓吳進昌開心不已。

完成了硬體，吳進昌夫妻終於鬆了口氣，心裡盤算只要搬遷舊廠的設備機具，當一切開始運作後，Nature's Care的事業版圖就能進入嶄新局面；但他們萬萬沒想到的是，創業以來最大的海嘯，才正要無情地向他們迎面襲來。

處理——遷廠一波三折

在澳洲搬家，吳進昌夫妻已有兩次經驗。

儘管陳素珍非常喜歡第一棟房子旁有景色優美的國家公園，但是有一次小兒子獨自跑到公園裡，尋找釣魚的外公而失蹤時，全家人焦急動員，卻仍遍尋不著，最後是涕淚縱橫的孩子出現在大家面前，泣訴因鞋子掉落河水中而獨自去找尋，當時情況嚇壞了夫妻兩人，加上兄姊的子女來澳洲寄宿，孩子們之間的種種紛爭，終於讓她動了搬家念頭。

「既然有許多的不愉快，搬家也好。」對陳素珍來說，搬家也是一種轉換心情的方式，於是在不遠處購置另一棟房子，再加上這間老房子只有三個房間，當時吳進昌的姪女與他們同住，若再有其他親朋來訪，兩個孩子就得睡客廳，而這種情況在他們家是屢見不鮮，於是她對夫婿說：「我們換個大一點的房子吧！」

那時吳進昌在住家附近看中一棟舊房子，準備買下拆除重建，並請人依照他的期望畫了設計圖，只要每次妻子提起購屋，他就開心地拿出設計圖告訴她：「以後我們家就是這樣，這裡是客廳、那裡是廚房……」就像屢次向她展示新廠的設計圖一樣，他的夢想在那些平面圖中具體呈現，成了栩栩如生的建物，花園房舍一應俱全；但無巧不巧，那棟房屋因年代久遠被政府列為史蹟建物，不得拆除重建，爾後為了房屋改建問題不斷的爭訟，直到陳素珍對他說：「我不想再看那些圖了。」吳進昌只好放棄重建史蹟建物的念頭，另在Lindfield買了他們的另一個家。

搬家對兩夫妻來說，不過就是打包運送和拆卸整理；在他們的觀念裡，遷廠不也是一樣嗎？於是估算生產線的工作時間與分配好訂單後，他們選定了日期，將舊廠的生產線停下，拆卸設備全數運至新廠，準備重新裝配再度運作。

豈料，設備還沒搬好，一個令人震驚的問題發生了：舊廠的製造許可不能直接轉用於新廠，必需重新申請執照！

換言之，即使設備搬過去，生產線依法不得啓動。

對歷盡千辛萬苦，終於走到要動工生產這一步的吳進昌夫妻來說，這真是晴天霹靂。明明已經交代承辦員工一定要問清楚流程、確認一切手續無誤後，才能將舊廠停工開始遷廠，沒想到得到的竟是錯誤的訊息。

原來，藥管局核發的生產執照是依工廠所在地點登記的，若搬遷而更換地址，必須重新申請生產執照。申請不是問題，但這一申請至少需要半年時間，才可能通過各項檢驗核准營運。

原本以為熬過蓋新廠超支及工期延宕的壓力後就海闊天空了，吳進昌夫婦萬萬沒想到，員工的一個小疏失竟然讓辛辛苦苦創立的公司卡住，絲毫動彈不得。生產停擺的窘境，讓壓力如排山倒海般而來。

新廠有機器卻不能動，舊廠的生產線早已經清空，這座偌大廠房好像被迫放了長假。工廠無法製造任何產品，所有訂單全數被取消，生產線員工每天在廠裡只能做一件事——清潔設備；實驗室的研究員還可以找到正經的工作——研發一些不知何時才能生產的新產品；業務人員還想積極開拓市場，卻沒有產品可販售，市場可不會陪著Nature's Care空等產品製造出來。

公司只有一個部門依舊忙碌，那就是財務部，因為員工薪資依舊得按月給付，這座美麗的宮殿每天一開門營運，就註定錢只出不進，公司的資產就像大開的水龍頭般不停地流失，不知哪一天就要見底。

Nature's Care多年來努力在市場建立的行銷通路，此時因為斷貨而令商譽受損。Nature's

Care曾是免稅店及禮品店高獲利的金雞母商品，許多通路商因獲利而不斷的置產。如今新廠生產停擺，對經銷商造成重損失，因斷貨而引起的種種不滿，全部宣洩到夫妻兩人身上。通路的櫃位逐漸減少，最後連公司經營不善將面臨倒閉等負面流言也隨之四起。

陳素珍正面臨舊廠與新廠都無法生產的窘境，而員工的薪水卻必須繼續支付。多重壓力之下，她身心俱疲。遷廠期間，烏黑的頭髮在一夕之間變白。

在此艱難時刻，公司竟然出現了兩筆救命的大訂單，一筆是頭一次從泰國來的客戶，他是個虔誠的佛教徒，雙方商談代理Nature's Care保養品到泰國銷售的事宜，短短三十分鐘的洽談，就下了一筆三十萬澳幣的訂單，並且隔日早上就先把貨款匯進來。另一筆訂單是同樣來自台灣的移民，在澳洲自耕自食的觀星師父，他為了要給吃素的人補給營養，經友人介紹找上Nature's Care購買了一大批螺旋藻，老天爺似乎知道公司目前有困難，及時派個使者來幫忙渡過難關，有了這樣的幫助，吳進昌夫妻許下承諾：「日後如果我們有成就，我們一定要對社會付出更多。」

在那段期間進入Nature's Care工作的胡振芝，不只是陳素珍事業上的好幫手，更在精神上帶給她莫大支持。看到老闆娘每天為工作煎熬，愁眉不展，胡振芝相當不忍，於是藉由法鼓山聖嚴法師的「四它」來勸慰她。

她告訴我，碰到問題要面對它、接受它、處理它、放下它，雖然當時的日子很不好過，但我真的把這句話聽進了心裡。如同聖嚴法師所說，即使不能完全做到「四它」，了解其中的意涵也能幫助減少精神上的痛苦；只要心安，就能平安。

潘氏製藥回收事件促使藥管局制定更嚴格的cGMP檢驗標準，使得Nature's Care的稽核過程，比在舊廠的時候更加嚴格。公司第一次提出申請，藥管局人員預定要花三天的時間審核，公司也配合準備一大卡車的資料文件，但卻在檢驗的第一天中午就停了下來。稽查人員很嚴肅的說，「對不起我們無法繼續審查下去了，因為空調設備、水和機器的評估都未通過，今天下午就不用浪費時間檢查下去了。」

聽到這消息猶如晴天霹靂，陳素珍形容，舊廠已經不能生產，新廠卻無法如期開工，公司還有八十幾個員工，就是八十幾個家庭要生活，現在工廠竟然無法生產，想到這裡真的好想跪下來懇求他們，拜託他們高抬貴手，讓公司能一邊有條件的生產，一邊改進繼續申請。

無奈審查員說，這是法令規定，關係著消費者的健康與安全問題，我無法答應你，但是只要你們按照法規一切準備就緒，我們會馬上安排時間過來再次審查。

這對夫妻遇到困難，即使是死結也要一點一點的解開，知道了藥管局的立場後，開始不分晝夜的趕工完成硬體設備的要求。堆積如山的專業文件，全是專業英文，平常怕講英語的陳素珍，只好硬著頭皮，開始一個字一個字的查字典，親自了解專業法規。以往這塊領域都是交給品管部門，這一次夫妻倆親自深入了解，這是他們移民澳洲後，上了一個比大學四年更深入的藥學課程。

有如一棵生長了十年的樹，移植到另一個土地種植，也需要時間適應新土壤，需要呵護栽培，才會恢復元氣，再度茁壯生長。剛搬到新廠試營運的Nature's Care也是一樣。

從舊廠搬到新廠，從小廠搬到規模大十倍的工廠，在面對嚴厲的藥管局和法規的挑戰，以及在急需更完善的管理系統及專業人才的情形下，到底該如何經營這專業度高的行業，吳進昌與陳素珍總是不斷的從錯誤中學習，再從學習中累積寶貴經驗重新建立新的制度，並在健康食品與保養品的知識領域裡，成為一本專業的活字典。

放下——含淚撒種的必歡喜收割

人若是躺在病床上半年，或是睡得太久，剛下床走動，全身關節難免僵硬，需要時間暖身，活絡筋骨。剛開工試營運的Nature's Care新廠也一樣。

當吳進昌正在與電腦設備、ERP系統等硬體奮戰時，陳素珍也忙著了解市場與產品狀況，打電話聯絡客戶，以最大的誠意極力將流失的客戶與通路再找回來。面對外界紛飛的謠言，夫妻倆選擇低調以對，畢竟解釋再多也難以完全平息耳語，不如投入全副精神讓工廠儘快上軌道。

他們歷經了「四它」中的面對與接受，找到眼前最重要的處理方向，而其他的，就放下吧。

新廠的開幕儀式像是夫妻倆驗收心靈成長的道場，當Nature's Care的大家長吳進昌站在台上向大家娓娓道來建廠前的環評與表土搬遷工作，以及為配合藥管局cGMP新標準所做的一切規劃與更新，造成預算經費持續超支等過程，無論遭遇任何狀況，他的信念始終不曾動搖。

望著身後完全按著自己構想打造的新廠房，潔淨明亮、氣派宏偉，周遭景觀更是花木扶疏，寧靜優美，如今的格局與過去大相逕庭。六年來，再多的辛苦已成為過去，吳進昌在一片蠻荒中為Nature's Care鋪設了一條康莊大道。

吳進昌誠懇自信地向來賓們說：

「我決心要蓋一座合乎世界水準的工廠，只有這樣才能生產值得消費者信賴的好產品！內人說還好我有戴著鋼盔，不然早就頭破血流了。

今天的Nature's Care已成爲符合藥管局標準，成爲澳洲第一家全方位多功能的cGMP製造廠。相信我們將如聖經所說：含淚撒種的必歡喜收割。」

當天出席盛會的台商相當多，躬逢其盛的林萍，頭一次看到政治立場壁壘分明的澳洲僑界，願意放下己見，將吳進昌的成就視為全體台灣人的光榮，共同攜手為Nature's Care的開幕而來慶賀，由此足以看出吳進昌夫妻為人處事的成功。

即使剛開幕的新廠仍舊存在許多問題，吳進昌夫妻決定以行動證明自己的實力，破除流言。曾經因Nature's Care暫停生產而轉向其他供應商的客戶，受邀參加開幕式後，重新認識Nature's Care的規模與企圖，看到新廠整體環境專業水準，除了驚呼與讚嘆外，老客戶的信心更勝以往，紛紛回籠下單。

在澳洲原住民的祈福儀式舞蹈中，Nature's Care以嶄新面貌躍上把關嚴格的澳洲製藥業舞台，即使身心曾受過無比煎熬，陳素珍事後回想：「這段日子是一種生命歷程的學習，假如沒有經過那些挫折，像我英文那麼差的人，從來就不想去參與、了解，去看看公司有哪些地方需要改進才能進步。」被環境所逼的苦，點點滴滴她都仔細品嘗，身邊友人適時的支持與鼓勵，讓她不深陷愁苦，反而內化成更堅毅的力量，理出頭緒、解決問題，成為吳進昌努力往前衝的最佳後盾。

跌倒，從來就不是行動的句點。

Nature's Care由零到新廠的規模，是亦步亦趨，一步一腳印，不斷由困難中重新邁步的成果，無論跌過多少次，即使他們無法衡量攔阻前方的任務有多艱巨，他們只有一個信念：永不放棄！

因為每次越過難關，就有一片更加開闊的天地，任他們恣意遨遊、享受豐盛的喜悅。

新廠開幕典禮進行完後，在工廠大門旁所設置的「荒野保護協會澳洲分會」籌備處，也開始舉辦分會成立儀式，荒野保護協會的創始人徐仁修和協會祕書長、國際事務部常務委員等人，一同從台灣飛到雪梨參與澳洲分會成立的盛會，也成為Nature's Care新廠與環境保護的見證人。

在新廠進入最後裝潢階段時，吳進昌細數每個空間的用途後，特別騰出一個辦公室給「荒野保護協會澳洲分會」使用，來實踐他的承諾。

吳進昌是在有一次回台灣時，因為一場演講與徐仁修結識。後來徐仁修也受邀到雪梨演講，兩人再度碰面，他答應要與徐仁修在推動環保的路上一起並肩齊步，而後Nature's Care也真正成為投身環保實踐先鋒的一分子。

與環保結善緣

新廠的整地過程，讓吳進昌夫妻更加了解澳洲政府的環保政策，以及當地人民對環境的尊重態度，由錯愕、不滿、接受到認同，原本迫於無奈的情緒，經過一連串的環境生態保育工作後，他們重新沉澱、學習，也慢慢發現在經濟發展的同時，同樣是可以兼顧自然環境的，只要付出多一些，雖然成本較高，但對土地、對生命所保留的價值卻無法衡量，所維繫創造的，更是後代子孫得以生生不息的美好環境。

在台灣創立荒野保護協會（SOW）的徐仁修，致力於台灣環境生態的維護與教育，也曾參訪許多國家，了解各地的生態保育工作與環境現況，並出版了多本著作。二〇〇二年，他赴雪梨探訪移民多年的妹妹全家人，並受邀在當地華僑文教中心舉行一場生態相關的演講，參與的僑胞相當踴躍，包括吳進昌夫妻。徐仁修在演講中，除了說明荒野保護協會在台灣的工作與努力外，也點出他發現的雪梨僑界問題。

「我看到移民當地的第一代台灣人，其實無法真正的融入澳洲社會，僑胞們總是自己聚在一起，形成了次文化圈，對周遭的生活與環境莫不關心；甚至被有些當地人認為外來的移民是來這裡享受的，對環境完全沒有一點貢獻。」為此，徐仁修提出一個想法：希望在澳洲設立荒野的分會，讓這些移民或年輕的一代因為加入自然生態保護，藉由與澳洲的環保團體的往來而逐漸融入澳洲社會。他相信，這樣的舉動可以「讓他們知道台灣移民也是願意盡力去做環保，也與澳洲本地人站在同一條陣線上，展現我們不只是來好的環境享受，也願意和社會一起付出，透過共同進行的生態保護行動，與澳洲的綠色NGO並肩作戰。」

一九九五年，徐仁修當初創辦荒野時，就期待有機會將會務推展至國際社會，透過自然生態保護的方式讓台灣和世界接軌，多元交流，那場在雪梨的演講讓他有了設立澳洲分會的初步構想。演講結束後，吳進昌走到徐仁修面前，開口告訴他：「徐老師，你的願望我來幫你達成。」

演講會場不少人感到吃驚。原來，移民十多年，吳進昌總是因工作繁忙推掉一些社團的領導工作，從不見他站上主席台擔任領袖人物，只在幕後以行動和捐款支持，作風很低調；然而對荒野保護協會設立澳洲分會一事，他卻主動站出來獨挑大樑，也難怪在場的僑界人士心裡冒出了問號。

吳進昌是個很受敬重的人，許多可以提昇知名度的會長、委員頭銜他都拒絕，但成立荒野分會的苦差事他竟然主動攬上身，這一點便讓徐仁修相當佩服。

在主動向徐仁修表達協助設立分會意願之前，吳進昌和陳素珍在演講台下已交頭接耳了好一會兒。

自年輕時代就深愛接觸大自然的陳素珍，對徐仁修的演說內容相當感動。在澳洲，她親身經歷過Lane Cove國家公園火災，災後她再度踏入自己經常流連忘返的林道時，滿目瘡痍的景象令她觸目驚心，幾乎每棵樹都被大火紋上焦黑的痕跡；但隨著時光腳步的移動，強韌的生命力很快的又在枝椏上冒出新綠，讓陳素珍深切體會大自然活力無窮的療癒力，對她個人也產生極大的精神鼓舞。於是，當她聽見徐仁修有設立澳洲分會的想法，立刻與一旁的吳進昌討論他們能做些什麼事。

那場演講中，徐仁修提到自己放棄公費留學的機會，在台灣上山下海探索各類動植物，調查、寫作、保護，也說明了「荒野」在台灣做些什麼，最讓吳進昌印象深刻的是，徐仁修說：「『荒野』在經濟角度是個沒有用的組織，但對生態圈而言卻貢獻很大。」

這句話讓吳進昌很感動。吳進昌自覺對生態保育還很陌生，但他也認為環保是企業經營的必要理念，加上徐仁修也相當肯定Nature's Care的體內環保概念，於是他決定再踏出這一步，為環保盡一份心力。

分會的設立開始進行。不過，在澳洲申請非營利組織的登記手續相當複雜，其中還牽涉為環境保護所進口物品可免予課稅的優惠等。已具規模的Nature's Care透過律師、會計師作業，很快便於二〇〇五年取得設立許可，獲准登記。

徐仁修相信，澳洲分會建立後，對移民及第二代的文化融合會更加容易，同時藉由相關活動了解澳洲政府的保護政策與執法方式，未來還可以帶回台灣做為經驗分享與借鏡，為台灣環境保育增加學習管道，或可作為環保政策向政府請願立法的依據。陳素珍與吳進昌也都在Nature's Care蓋新廠過程中，充分體會到澳洲環保精神與理念的堅持，如此珍貴的澳洲經驗確實應推廣至台灣，讓台灣在環境保育的理念和政策上都能走進先進國家之列。此外，他們更希望台灣移民的下一代能繼續深入其中，年輕人比較沒有語言文化的問題，溝通能力強，可以和國家公園或環保團體等單位合作發揮各項創意，更有利於會務的推動。

經過與孩子們的討論與說明，吳進昌的大兒子Michael願意擔任分會祕書長，董大山的女兒擔任公關，移民第二代在澳洲分會成立當天，就負責安排開幕活動以及會務和參訪的運作。

分會成立後，就規劃到Ku-ring-gai Chase國家公園的Bobbin Head自然中心參訪，並將一隻在住宅庭院捕獲的負鼠帶至公園內野放，不料野放行動卻引來解說員的關切，原來群居的負鼠有其生活領域，若被帶入其他負鼠領域，可能因遭受攻擊而死亡。這次的野放讓參與的人們了解，自然界存在許多不同觀念，如同徐仁修所說：「當我們認識這些物種的背景成為常識後，便不再以人的角度去看事物，也不致扭曲救生的本意。」

除了荒野保護協會的徐仁修外，吳進昌夫婦還有一個朋友蔡惠卿，她是擔任以學術研究為主的「中華民國自然生態保育協會（SWAN）」祕書長。隨同夫婿赴雪梨工作的蔡惠卿，在澳洲時與吳進昌夫婦認識不深，接觸機會少，反倒是返台後，由當時在媒體工作的夫婿張育誠牽線下，吳進昌夫婦進一步了解到自然生態保育協會的宗旨後，即一口答應同意協助自然生態保育協會在澳洲設立分會，由於吳進昌已擔任了荒野保護協會澳洲分會會長，自然生態保育協會分會會長則由陳素珍擔任。

就這樣，荒野保護協會與中華民國自然生態保育協會的澳洲分會，皆設於Nature's Care公司內，也於同年舉行成立大會。無論是徐仁修或蔡惠卿，對Nature's Care以經商的角度，願意直接跨足第一線為環保盡心力的作法都相當認同，更期待其他企業群起仿效，共同為環境保護與生態保育攜手合作，讓下一代看到未來。

在澳洲大部分人把環境保護當做生活的一部分，人人把國家當成我家。社區環境的整潔猶如自家庭院般的維護著，並將一切有生命的萬物視為跟自己有關，而有很多的國家，重視環保的國民比較少，特別當環保與經濟衝突時，執政者常以經濟利益為優先考量犧牲了後代子孫的生態環境，後果實在令人憂心。

心靈更環保

Nature's Care的遷廠，讓吳進昌夫婦面臨事業的最大挑戰，澳洲社會與台灣不同，完全無法關說，再好的政商關係也只得照規矩來，沒有第二條路可走。面對藥管局的不定期檢核，繁瑣又不斷修正的法規，夫妻倆總是戰戰兢兢，戒慎恐懼。

周圍許多朋友，除了言語的安慰與打氣，十分心疼他們所背負的壓力與責任。

「台商在海外都很辛苦，而Nature's Care搬廠期間把他們累壞了，吳進昌整個人消瘦很多，陳素珍則經常眉頭深鎖。」好友林萍看在心裡極為不捨。

始終樂於配合雪梨台灣貿易中心接待外賓參訪的Nature's Care，有段時間因忙於準備申請cGMP廠認證而無法接受參訪，讓吳進昌夫婦對林萍滿是歉意。皈依法鼓山的林萍看到他們的誠懇與辛勞，除了在工作上盡可能提供協助外，也試著引介宗教的力量幫助他們在心境上做調適。

當時林萍曾將法鼓山聖嚴法師闡釋的漫畫式掌中書帶到雪梨與大家分

享，透過簡單易懂的小文章，讓人看完後心情學會放鬆、腦袋懂得轉彎，書中淺顯的道理，總能適時撫慰人心，讓喜歡閱讀的陳素珍，可以從中啓發出面對事物的新方法與新態度，也讓她樂於引導夫婿一同分享聖嚴法師的人生哲理。

同樣也是皈依法鼓山的胡振芝，還未加入Nature's Care團隊前，已開始準備聖嚴法師二○○四年訪澳的行程規劃，由於聖嚴法師不贊成廣設道場，因此法鼓山在澳洲無法匯聚出太多資源。在尋求經費贊助時，林萍決定向吳進昌詢問意願，由胡振芝擬寫企劃書。或許是林萍與陳素珍的分享發揮作用，讓吳進昌也有所感動，當他聽到贊助提議後答應得相當爽快，完全不需企劃書。

聖嚴法師訪澳期間，吳進昌也善盡地主之誼，陪同師父參訪雪梨各地。搭車時，師父皆選擇前座，展現對開車主人吳進昌的尊重之意，沿途並不斷稱讚澳洲美好的環境與設施，以及善良的人民。當天，甚少與人合影的聖嚴法師，竟主動邀請吳進昌拍照，讓他受寵若驚，從此將合照放在辦公室裡的顯眼位置，開心自己有如此的緣分。

欣賞了澳洲的美麗景緻後，聖嚴法師那天語重心長地說，他相信漢傳佛法一定能在澳洲生根。這話聽進了吳進昌的心中。當天晚上，師父在演講前很慎重地將一袋自己的著作交給吳進昌，感謝他的付出與接待，聖嚴法師對他的看重與肯定，深深觸動吳進昌的心。

聖嚴法師的理念與Nature's Care的訴求不謀而合。

Nature's Care講求內服外用的體內外環保，聖嚴法師自一九九二年提出並倡導心靈環保，兩者若結合為兼具身、心、靈的環保精神，由心靈推展至身體，從心發出的愛護環境想法與行動，必能融合成為全人的環保態度，讓人的身心靈與自然之間找到真正的和諧關係。

心思意念，是影響人的情緒與健康的關鍵，因此即使工作繁忙，吳進昌夫婦還是會暫時放下一切，回到台灣參加法鼓山的「精英禪三」。

小時候頑皮好動，長大後從軍練就一身硬功夫的吳進昌實在坐不太住，第一天的禪坐讓他全身痠痛，完全體會不到師父所說的舒暢感。接下來的兩天的課程，他心中起了微妙變化，也開始有所領悟。陳素珍笑說，「他是個好玩的事都會去做的人，很隨和，當時回來有一點感悟，只可惜持續學習就忘得很快。」

三天的「精英禪三」課程，為原本就喜愛思考的陳素珍帶來許多收穫。身體上，腰痛舊疾減輕不少；內在的省思部分，透過法師的開釋讓她對生命產生更多理解，更能勇於面對人生的風雨試煉。

單純的成長背景，是兩夫妻待人處世的基本，而宗教的力量，深入內化他們的心境，在遭逢危機之際，重建原本飄搖欲墜的意志與信心，讓掌舵的手，不再孤掌難鳴。驚濤駭浪裡，他們攜手同心握著船舵，即使驟雨未歇、狂風不止，遷廠後的狀況總是一波未平一波又起，但持守心中的那分信念，師父的開釋成為風雨中的燈塔，帶領他們闖過風浪，持續朝目標邁進。

在創業路上雖然走得艱辛，但吳進昌夫婦承擔著對員工與客戶的責任，那分滿足他人需求的初衷仍舊在心裡未曾改變，即使壓力大、有苦難言，他們仍舊手牽手，認真勇敢地向前走。

度過最艱苦的三、四年，Nature’s Care新廠的作業系統建置完成，產品行銷拓展出更多通路，健康食品也打進當地主流市場，海外經銷的成績也越加亮麗。儘管一路走來崎嶇難行、步履蹣跚，吳進昌夫婦卻以堅毅、穩健的步伐，帶著Nature’s Care駛離暴風圈，迎向燦爛的陽光。

Part 6

良心事業加完美主義

三「肯」會長

二〇〇七年亞太經濟合作會議（APEC）在雪梨舉行，台灣駐雪梨台北經濟文化辦事處處長林錦蓮希望吳進昌出來擔任台商會會長，期望一方面能整合澳洲台商並展現實力，一方面能與台灣代表團們有良好的互動與接應。

於是林處長親自打電話給陳素珍商量要借人，平常行事低調，不希望太出風頭的吳進昌夫婦，這次也義不容辭，扛下這個重任。

吳進昌在澳洲的政商實力，由Nature's Care新廠的開幕典禮上可見端倪；眾多的政府官員、民意代表與企業界人士出席，包含澳洲的執政與在野政黨，以及許多新生代接班人。在與政治人物交往結識過程中，吳進昌並未帶著任何個人動機或目的，更從沒有忘記自己是個台灣人，但身為一個在地企業與公民，他不願自外於澳洲主流社會，也願意參與國家事務，積極主動的參與和投入本地社會，無形中就建立許多政商人脈。

曾經隨台灣農技團遠征西亞、非洲和南美洲的台灣移民張守煌，參與過各地僑界的運作，他長期觀察僑社生態的結果，時常令他非常失望。一般僑社負責人多半是為自己的前途或事業鋪路，幾乎找不到有個甘願為僑社無私奉獻的人，因此移民澳洲後，他鮮少參與僑界社團的活動。但當吳進昌擔任台商會會長需要有人協助時，他爽快地接下理事一職，好友董大山亦很快答應出任祕書長，而台商會幹部中也不乏移民第二代的新秀，讓整個組織煥然一新。

那一年，因為APEC在雪梨舉行，由於台灣在國際社會被打壓造成低能見度與困境，外交部與僑委會積極的進行安排，希望雪梨僑界推派政商關係良好的人士出任台商會長，協助政府進行經濟交流。在多方的勸進聲中，吳進昌在那分愛鄉愛土的民族情懷驅使下，接下澳洲台灣商會會長，協助台灣政府策劃安排經濟部長陳瑞隆，與財政部長何志欽的雙部長會議事宜，並促成台澳雙方企業家與兩位部長進行早餐會報等工作，也安排各種形式的參訪行程，透過在地企業進行經貿外交，圓滿達成所交付的任務。

為期一年的台商會長任期中，吳進昌並非只專注在亞太經濟合作會議上。雖是初試啼聲，他卻為台商會樹立了許多創舉，最令會員們津津樂道的，就屬為捐助澳洲聖約翰緊急救護中心St John Ambulance Australia（NSW）購買全新救護車舉辦的募款慈善活動。

每屆台商會皆會以不同主題為本地社會進行慈善募款，吳進昌透過報導瞭解到，新州的聖約翰緊急救護中心，設立一百多年以來，由於緊急救護車輛的不足，許多寶貴生命因延誤救治而無法挽回。在他的提議下，經過理監事會議討論結果，台商會當年的募款活動，決定以捐贈一輛附有全套急救設備的賓士救護車為目標，購買該救護車需款澳幣十萬元。

歷屆台商會的募款活動，多以承租飯店會議廳舉辦舞會或餐會方式進行，吳進昌認為，「既然是募款活動，就應該將所有款項完全用於贊助的對象上，不該花在不必要的地方，而將全數捐出，不是更有意義嗎？」於是吳進昌將飯局式的募款方式，改以慈善音樂會取代，並接洽由衛斯理公會贊助提供音樂會表演場地，省下承租飯店會議廳及餐宴的全部開支。

「僑界常有人聽到募款就尿遁了，在澳洲要做個生意實在不容易，有人移民十多年後，老本幾乎全花光了，而整個社會環境又改變很大，要拿錢出來並非易事；」慈善音樂會節目主持人董大山說，「但在吳會長的堅持理想與積極投入之下，我們努力規劃整場募款活動，成果讓人非常欣慰。」

晚會於二〇〇八年六月二十一日舉行，當天是聖約翰緊急救護中心成立一百二十五週年紀念日，會場湧入了上千名群衆，雖時值澳洲景氣低迷期，但捐款情形卻相當踴躍。吳進昌尚未擔任台商會長時，若有社團辦公益活動需要經費，他總是慷慨解囊。當晚的募款音樂會，也帶頭捐款。

晚會精彩的表演節目與拍賣活動，贏得許多掌聲與歡笑。中華航空原本提供一張雪梨台北來回三個月效期的經濟艙機票義賣，由於現場氣氛熱絡，隨即將該機票升等為商務艙，效期延長為一年，在此起彼落的喊價聲中，最後以澳幣四千一百元的高價賣出。全部募款所得達到澳幣十萬元，聖約翰緊急救護中心獲得一輛百年來配備最完善的新型救護車。

這是澳洲台灣社團捐給當地社會最大的一筆善款，不但澳洲社會對台商會的義舉表示肯定，吳進昌與所有會員也因此相當自豪。

擔任會長期間，吳進昌的私人祕書，同時得協助處理台商會的會務，不只是利用公司裡的資源，連他周邊所有的好友也都成為參謀，協助規劃各項活動。

我眞的有感而發的想爲社會做一點事，移民來此不該僅享受資源而不付出，有營收也要懂得回饋地方，落實眞正的多元文化；站在召集人的角色，我只是拋磚引玉，五毛或一元的小額捐款都可以，重要的是心意。

張守煌提到，「雪梨的僑社有一、兩百個，台商會是僑社的龍頭，在僑界要當個僑領不容易，他當會長時和別人則完全不同；」他解釋說，好的僑領必須具備三「肯」，一是肯自掏腰包花錢，有錢才能做事，二是肯出人、出時間，自己的人脈也要夠，推行會務才會順利，三是肯被罵，做不好挨罵是應該的，做得好被罵也很正常，耐得住性子接受批評與建言，才有資格做好社團負責人。而吳進昌，正具備有這三「肯」。

「對主流社會的關懷，不是捐款就足夠了，而是要有意義與價值。這次募款活動讓我看到他的真心，很多人只會固守著自己的資源，但他願意和大家分享，甚至犧牲奉獻，這才是真正的企業家；」笑稱自己沒能力像吳進昌一樣付出的張守煌開心地說，「我的人生理想他幫我實踐了！」

堅持「良心」的初衷

以保養品起家的Nature's Care，如今保養品的銷售總額逐漸遞減，健康食品成為主力。過去推出的原住民Goodyoong系列與精油Fairy系列，並未成功的打入市場；然而這兩套產品，都是陳素珍花費最多精神搜尋相關的背景知識，與研發人員不斷的溝通討論及費心撰寫產品文案下的嘔心瀝血作品。

「由於新產品從發想、包裝設計到行銷，皆由她負責，一旦市場接受度差，被檢討的就是她。」

雖然原住民系列沒有達到很好的銷售業績卻給了Nature's Care一個很重要的企業文化與中心思想「Dream Time」。

除了包裝設計不佳可能是個因素外，兩套銷售不佳的產品都是在遷廠前推出，當時全公司都專注在維持生產品質和建立客戶關係，沒有時間顧及個別產品的行銷。

「我不認為這兩套產品是失敗的，只是在不對的時機點推出，產品精神與設計出發點都很正確，多花一點心思讓消費者了解產品的特質，一定能獲得認同的。」陳素珍朝正面方向尋思著。

「成功人的特殊之處在於決心，他們夫妻的字典裡沒有失敗這兩個字，他們也不認為失敗就是失敗，如果每個人都有這項特質，社會結構將不同於今天；」跟隨吳進昌夫婦多年的胡振芝認為，「企業文化經營就是一種品牌經營；市場學所謂的品牌經營，是投入大筆資金後，顯現在世人眼前的一個名稱表象，背後有形無形的內容卻不是重點，或許行銷學不認為企業文化有其重要性，但企業文化卻是品牌的重要因素，Nature's Care的企業文化，就在於他們夫妻兩人的有所堅持，不向失敗低頭的決心。」

每個人能成功，都有其優點，而這些優點的關鍵，在於決心。

自己一手打造的Nature's Care工廠，算得上是吳進昌滿意的「完美主義」成果，但對陳素珍來講，「完美」一詞其實很難定義。

應該沒辦法要求完美吧？盡量圓滿就好，假如事情眞的已到極限，我會對同事說，放下往前看。凡事只是生命的過程，而是今天已經用得差不多就好，一切等明天再說，不過這是慢慢訓練出來，漸漸變成的現在個性。

我不是一個完美主義者，凡事都有兩面，學會另面思考，我想那是個人思考後所取決的角度和眼光，壞事也可以看到好的部分，受傷也可能有美的一面。我習慣想得遠一點。

從Nature's Care利用天然原料生產保養品開始，陳素珍就知道他們的產品和「完美」始終有段距離，因為自然界裡，沒有一種物質可代表完美。美麗的植物，適量可作為藥材，過量則是毒害；溫和的動物，在原生環境中恣意生活，但卻可能是致命病毒的帶原者；遍佈在世界各地的數十億人群，可以創造合宜的居住環境，卻也可能是破壞生態的頭號公敵。是好，是壞，只是立場、觀點或認知的不同而已。

不加人工色素、不加化學香料以及不加有害化學物質的「三不加政策」，讓Nature's Care註定會飽嘗產品不穩定之苦，被廉價、具毒性的石化製品與化學添加劑產品教育多年的消費者，以為所謂的「好」產品，是那些充斥在生活裡永不變質、變色、變味的商品，但卻不知道，「瑕疵」正是與「自然」的同義詞。

曾有客戶委託Nature's Care代工生產螺旋藻片，當收到產品時打開一看，發現罐中散落少許細小粉末，質疑Nature's Care生產過程太過粗糙。其實客戶不清楚，螺旋藻中相當重要的營養成分是蛋白質，若遇高溫，很容易受到破壞，但製造成片劑時必須經高溫壓製才不致於出現粉末，為了降低蛋白質的破壞率，Nature's Care選擇以低溫壓製，因此會產生些微粉末。為表示慎重，陳素珍親自寫信向客戶說明，強調這些所謂的瑕疵，其實是Nature's Care對產品原料與功效的良心堅持。

看似愚蠢的堅持，有時候反而是事業穩定的基石。

> 在澳洲同業中，我們的業績不算頂好，二十年來始終無法和暴起又暴落的品牌相比，這類公司的利潤遠比我們大上好幾倍，但有趣的是，他們可能每隔兩、三年就易主經營，只有Nature's Care依舊按自己的原則走下去，唯一慶幸的是，至今我們還是穩定地向前走。

市場競爭激烈，多數商人會將利潤放在道德之上，Nature's Care始終不隨波逐流。懂得成本利潤概念的吳進昌看得很透澈：「在這行這麼多年，我也知道怎麼做就可以一夕致富，但我創業的目的是為了能永續經營，沒有良心，哪來的永續？」

採購對陳素珍而言是個大學問，特別是健康食品的原料，好壞差價非常大，如山桑子的主成份OPC（Oligomeric Proanthocyanadin，原花色素）含量的多寡，產地來自中國或歐洲，都是影響價格的因素，一旦踏出這個道德標準改採利潤導向的話，可能就不想再走回界線內，因為要堅持採用最好的原料，其成本的價差，有的多達到幾倍。

「良心事業」一詞，成為夫妻倆面對原料廠商報價自我安慰的方式，陳素珍認為，「這句話是透過學習的，當我們常常掛在嘴邊，習慣後開始督促自己，讓我心中那把尺愈來愈清楚。」

Nature's Care的採購人員，深深了解吳進昌夫婦的理念，在原料採購上把關非常嚴格，有時連陳素珍都會忍不住問「一定要買到這麼貴的原料嗎？」採購人員向她解釋原料的差異導致功效不同，陳素珍便順勢將它轉化為行銷賣點，但有時候連採購人員都說不出其中真正的差別，這時「良心事業」就像霧夜裡的燈塔，為她指引方向。

「一般人看健康食品只看名稱，卻常未注意真正的成分；」自己也用健康食品來保養的林萍，曾經仔細比較Nature's Care與其他產品的差別時，「同樣是蔓越莓，Nature's Care的含量高達一萬五千單位，其他品牌多為五百單位，價格卻不相上下，但效果大大的不同。來自中國或東南亞的魚油原料價格便宜很多，但品質完全不能與北歐挪威來的相比；至於做軟膠囊產品的膠囊原料也是有很大的差異，許多品牌使用的原料是豬皮提煉的豬皮膠，大都來自中國或東南亞國家，但豬皮膠或多或少會含有少量膽固醇，而Nature's Care所一直堅持採用的是從牛骨提煉的牛骨膠或是素食膠囊，原料產自澳洲的昆士蘭州，價格貴上好幾倍，但此膠囊在胃裡比較容易消化，消化時間比豬皮膠做的縮短了一半以上，只有內行人才能辨識原料與成分的差異。」

為了在三年的保存期限內仍保有產品成分所標示上的含量，有些產品製造時必須增加劑量，以彌補成分含量因時間關係逐漸衰減的情況，這些規定都在藥管局的規範中。但有些品牌的產品在國外生產後運到澳洲包裝，因此不受管控，成分與標示的落差實在讓消費者難以掌握，這也突顯了Nature's Care產品受藥管局管控，並在澳洲生產製造的重要性。

「有些人吃了一堆健康食品，反而愈吃愈胖，禍首就是原料成分。」在台灣代銷Nature's Care產品的晶豔公司總經理江慶亮提到，「有些產品為了做到大小及外觀與其他品牌相同，不肖的廠商往往會在深海魚油或蜂王乳膠囊產品中混入了黃豆油，或在一些錠劑中加入澱粉充數，只要外型相似，消費者幾乎不會注意到成分或製造地的差異，購買了無法為自己帶來健康的垃圾食品，但Nature's Care就不如此做。」

「我告訴自己，『良心』才是經營事業的準則，我做的是安心的事業。老實又堅持的人主掌採購部門並沒什麼不對，只是會讓製造成本高些，但對消費者而言，絕對是一種保障。」以最好的原料來製造，不必擔心成分出問題，陳素珍將銷售的報價押在最低點，只留些微薄利潤，她對Nature's Care的產品深具信心，生活也平安踏實，其他品牌的宣傳花招，動搖不了Nature's Care的根本。當業務人員告知陳素珍，競爭對手又開始以低價促銷時，她一副優哉游哉的模樣，絲毫不受影響：「我告訴業務人員，可能是對方庫存太多，降價只是短暫的現象，不用擔心！」

製造最好的產品，即使帶著一點不夠完美的外觀，Nature's Care生產的數百種產品，都是「良心」的產物。

近年來，隨著生物科技進步，「基因改造」與「利潤」稱兄道弟，造成一股獲利的新勢力；「基因改造對生物產生莫大變化，年收成一次的作物可以縮短為數個月，小果實可變得碩大，經濟價值無限；但這些違反自然法則的食品，有可能對人體的傷害不是立刻就能顯現的。」

台灣——十大死因榜首始終是癌症，研究癌症的醫學專家至今仍無法找到合適的治療藥物，現代醫學充其量只是緩和病症的加遽、延長病人生命而已。空氣與水質的污染，化學合成食物與基因改造的商品充斥，生活裡垂手可及的石化用品，讓人們長期處於非自然的環境賀爾蒙傷害中；當廠商大力宣傳改良的水果甜美，卻忽略科技背後可能對健康造成深遠影響，追根究底的原因只有一個：利潤。

陳素珍曾看了日本電視節目，認為健康長壽的祕訣在於「吃」。日本的飲食文化講求新鮮，配合民族性認真踏實，照顧作物用盡心力，從播種到收成都按部就班，不炒短線不求快。日本蘋果產地青森縣有一位果農，耗費八、九年時間，研究種出不施肥、不灑農藥的奇蹟蘋果，獲得廣大迴響，許多人紛紛前去取經，讓日本行之有年的有機耕作與自然農耕法再次受到世人的矚目。

「我在北海道看到日本在有機領域的努力，的確是一個很有眼光的國家；有機並不是口號，是要每個步驟都得徹底執行。」經過多年的銷售基礎，Nature's Care對品質的堅持非但沒打折，反而隨著時代的腳步更加精進。新一代Mei Mei系列嬰兒用品，採購天然有機原料製造，加上取得澳洲有機及歐盟有機產品認證，「Nature's Care原料採用上不僅有保障，更朝向製造更多的有機產品邁進，既然要做，就要做到品質最好。」

從「三不加政策」到採購最好的原料，由「良心事業」到生產有機產品，一路走來並不輕鬆，但Nature's Care寧願像蝸牛一樣，慢慢的在正確的道路上爬，就像陳素珍辦公桌上勉勵自己的一段話：

「心和技術的結合才能成為真正的事業，深耕，是生存茁壯的原力。」

人本爲懷的澳洲

陳素珍坐在義大利街頭。

望著往來人群，觀察每個人臉上的神情，猜想著這個表情背後所發生的事件，她或他遇到了什麼事？

隨著海外參訪團出國時，陳素珍空閒時最喜歡打量行人，在人生地不熟的陌生國度，「看人」成為她的嗜好。

我發現，男人老了以後通常看起來會比較慈祥和善，差異性不大；但女人則不同，年輕時都是那麼亮眼動人，上了年紀後，有些人看起來安祥、風塵僕僕或依舊嫵媚，有些人則歷盡滄桑滿臉老態憔悴，甚至十分勢利，我不禁想，究竟是什麼樣的生活際遇，可以讓原本很美的女人差異這麼大？

喜歡看人的陳素珍，工作上最大的挑戰也是人。

Nature's Care雇用員工中，統稱為澳洲人的西方白種人較少，移民來自東方黃種人占多數，複雜的人事問題，是公司內部最不好處理的一環。

初到澳洲，習慣於台北緊湊生活步調的吳進昌夫妻，馬上見識到澳洲人的「慢」，員工一個上午大概只能處理一種文件或一件事情。往好處想，這叫「慢活」，是一個剛要流行的生活哲學。

站在港灣旁，看著準備搭乘獨木舟出海釣魚的釣客，費盡心思地拼裝獨木舟各項配備，花費將近半小時才能出海，還不包括將一切器具從家裡裝運上車與駕車時間，吳進昌不斷搖著頭，「等他們弄好可以出海，我在這岸邊早就釣到魚了。」

此外，澳洲人喜歡打工，或是自立門戶經營一人公司，這種公司以水電、修繕、庭園維護者居多，時間比較自由，又無須管理員工，也不會被別人管，壓力很輕。「澳洲人對工作的態度好比在休閒，總是以家庭為重，孩子放假時，父母多半也跟著放長假，若要打電話找人修水管，語音信箱總會留言說因工作太忙，下個月才有時間接案子，原來是陪家人度假去了。」

他以「工作思維不同」來形容澳洲人的職場態度。由於政府的福利制度完善，一般人不太在乎是否有分好收入的工作，因而比較沒有打拼的鬥志，更遑論需要承擔壓力與責任的創業。

望著公園裡在野餐的許多家庭，每對父母周邊總有兩個以上的孩子圍繞，更不乏四、五個孩子的家庭，陳素珍說，「澳洲人很愛孩子，政府補助多，且因為福利好澳洲生育率這幾年都呈現成長的狀態；」吳進昌則笑稱，「孩子多生幾個，領到的補助比上班工作還划算。」

由於「家」是澳洲人生活的焦點，家事永遠大於公事，上班工作時間只限定在合約規範的那個時段，其他都是私人的自由時間，每到下午四點十五分實驗室人員下班時間，幾乎分秒不差的走了一大半，大家趕著去接小孩、煮晚餐，享受家庭生活，哪能夠像東方人一樣專注在工作上而自動加班，有的話大概只有一、兩成而已，很多上班的人都是週休前聊計畫，週休後聊休假活動內容。

吳進昌記得，「有一回，有一位大航運公司的老板到雪梨考察投資機會，中午十二點時到了港口碼頭參觀，發現有些貨櫃竟吊在半空中毫無動靜，他覺得很奇怪，旁人告訴他，因為是中午休息時間，工人吃飯去了，他納悶不已，如果將貨櫃放下來再去吃飯也沒差幾分鐘，直呼在這裡要投資真的太難了。」自己公司裡也曾有位實驗室主管，上班時接到孩子的電話，二話不說就急忙跑回家，事後他很關心地問他，到底家裡發生了什麼事，需不需要公司協助，結果是他孩子來電說，家裡一隻雞跑出去了。

以休閒心態面對工作外，吳進昌也發現澳洲人有個習慣，在一家公司工作的時間大概不會超過兩年，兩年一到，可能隨時準備要跳槽。他們認為在一間公司累積了經驗，就有更多本錢往上跳，每換一份工作，薪資、福利亦可節節攀升。若任職同一企業超過兩年的人，也可能會受到同儕揶揄，換工作成了常態，因此比較難有企業忠誠度。

經過多年的相處，陳素珍倒是看到了許多澳洲人的優點。方向感不好的她，有時找不到要去的路，車子停在路口猶豫時，後面的車也不會對她按喇叭。而且澳洲人遵守規矩，有一度因乾旱政府宣布一星期只能在指定的兩天澆花，大家一定徹底遵行。早睡早起，生活與陽光、自然為伍的澳洲人，樂天開朗，「最重要的是，他們有話就說，不會放在心裡耍手段。」

曾有市場的競爭對手，總是來Nature's Care挖角剛訓練完成的生產線人員，讓吳進昌火冒三丈，但陳素珍看得很開。「Alex最氣別人背叛他，但我告訴他，有人來挖角，就表示我們已將員工訓練得很好，也表示Nature's Care出去的商品和人才，都有一流的水準，這也算是我們的成功。其實，我很願意開設一間學校來培訓人才，對社會將有很大的貢獻，這是我自己的另類思考；也許剛開始這麼做只是安慰自己，但慢慢會變成一種很好的能量，讓我能平和地看待這些人。」

經常以逆向思考保持觀點中立的陳素珍，常以善意的考慮提供工作機會給比較難找到工作的亞洲移民，她認為這些移民能在海外獲得工作，應比較會有感恩之心。但「一樣米養百樣人」，有些人並不一定會感恩，工作上稍微不順他們的心意，立刻翻臉無情，讓吳進昌夫妻接下來，得面對突然造訪的勞工公會人員，甚或曠長的司法調查程序。

曾在Nature's Care工作兩年的胡振芝，觀察吳進昌夫婦覺得，他們對待員工共同的弱點就是心軟，「他們很珍惜相處的情分，把員工都當作自己的家人一樣，所以對員工很好，能給的都給出去，包括他們的真心；可是，這麼做卻容易受傷。」即使是緊密相依的齒與舌，都有可能咬到，何況是完全沒有血緣關係的人，特別當別人只以私利為出發點的時候。

縱然是真心換絕情，陳素珍始終牢記自己的原則：不讓外在的環境影響自己，回到起初的愛。

她沒有因為頻頻受挫而洩氣，反而持續努力釋出善意，「我很想對他們好，可是常常沒有好結果，一般人遇到這樣的狀況，會失望變得不相信人，開始防範並對付員工，還好我沒學到這點，我想保留著一顆單純且更加熱情的心；」陳素珍試著在每次受到打擊後反省自己，檢討自己是否還能做得更好？站在員工的立場設身處地，身為雇主的自己是否盡了力？許多累積的經驗，亦幫助她從中學習如何管理這些員工。

她也不諱言自己遭遇的困難，「我在這裡常被考倒，公司發生的事件到不同部門詢問，總是有不同的說法。」羅生門般的描述，讓她像在霧裡看花，幸而近來找到許多合適的主管，幫公司省下許多麻煩，「現在的人事、財務、市場行銷主管都很稱職，讓我輕鬆很多；創業至今我發現，人是很難管理的，事業的成敗其實都在人身上，再好的制度若沒人執行也沒有用。」

不願被教壞的陳素珍，秉持了她的原則，竭力扮演好自己的角色，她知道有時可能受傷，卻不向環境妥協，因為她相信朝著正確的方向走，一定會結出善果。

二十年來，始終相信「人性管理」的陳素珍，雖在用人及管理經歷過很多打擊，也學了很多經驗，在台灣與人相處或用人方面是比較講人情味，比較講道理的。而在澳洲是先要在法律上站得住腳，再講道理及注重人情味，久而久之也會習慣成自然。

大風大浪過來，最後還是付出真心永不悔，因為她覺得每次為別人做的事，心裡就特別輕鬆，每次給了出去，心裡就很開心。

在澳洲，Nature's Care除了與本地企業一樣，舉行勞工節的員工戶外烤肉餐會和聖誕節的聖誕Party外，台灣習俗中的三節，吳進昌夫婦也會為全體員工準備了民俗賀禮，端午節的粽子、中秋節的月餅，以及過年的紅包，象徵著台灣的人情味與祝福；「澳洲人很喜歡吃粽子，節前公司通知大家有粽子吃，可不必帶午餐，但是他們常會將粽子留下帶回家，與家人一起分享。」對吳進昌夫妻與華人員工來說，三節賀禮是一種家鄉的味道，對其他員工而言，則是體驗文化的融合。

「人事主管常對我提出員工千奇百怪的情形，我只教他一步，就是『無招以對』。」長年的閱歷讓陳素珍發現，以平常心看待世事，人再怎麼工於心計，最後也只能碰一鼻子灰，老子的「以靜制動」看似無為，卻是借力使力，讓出招者自亂陣腳打退堂鼓，難怪有人說，「真正厲害的人是不出招的。」

國家級的肯定

在澳洲，cGMP製造廠的依循標準，是按藥管局所依據每年新出爐的研究報告、檢驗結果與修正原條款等所編訂成的新法規。為達到具備製藥等級的最高標準，該規範總是不斷地修改更新。每次公布新的規章時，亦只有半年緩衝期可以調整，因此工廠每個部門人員皆須了解現行和即將修正的新規定，才能快速應用在製造生產上以及接受隨時突如其來的查驗。

藥管局對cGMP廠的要求甚至包括人員聘用，例如研發與品管部門的主管，都必須聘請經其認可的人。第一線直接相關人員的素質獲得控管，確實對製造廠的稽核與管理有極大的幫助，因此藥管局來廠查核，最信任的通常就是研發與品管主管。

藥管局每年不定期不定次數來稽核cGMP廠，廠商除了須無條件配合並立即修正疏失外，還要支付稽核人員的車馬費，是按每人每小時澳幣兩百五十至三百元來計算，每趟需三個人耗時三天，一天以八小時計，公司就得花費約兩萬澳幣的車馬費。此外，稽核人員在廠區，只能接受工廠提供的飲用水，任何餐點招待都要拒絕，否則就有受賄的嫌疑。

澳洲對貪汙極其痛恨，貪污者亦不被社會認同與接納，令吳進昌印象深刻的是，有官員到國外訪問，只接受一張機票的招待，就等同於貪污而下台，官商勾結的情事是微乎其微。

由於稽核人員的經驗豐富，加上全人教育下的使命感，不收賄、不包庇，總是能找到工廠有待改善的小瑕疵。曾參與數次稽核過程的胡振芝說，他們每次稽核完都會笑嘻嘻地出現，讓人以為一切都合乎標準，最後卻告訴你哪個地方沒通過、哪個地方要改善，因此每次來稽核時，都得小心翼翼的面對。

幾年下來，面對法規的更動與抽檢，吳進昌夫婦已習以為常，並能從容應對。其實，他們早已將藥管局視為幫手，若沒有他們的專業及堅持，Nature's Care就不會有這麼強的鞭策動力，逼向最高等級的標準邁進。陳素珍笑著說，「我現在再也不怕藥管局了，他們隨時來稽核，我們都能以平常心面對；對Nature's Care而言，稽核通過就是符合政府的要求，也是我們對消費者承諾的兌現。」

百煉總能成鋼，媳婦也能熬成婆。

二〇〇九年，Nature's Care所設立的產品檢驗室，終於取得一張非常難取得的國家檢驗局頒發的執照，對Nature's Care而言更是一項莫大的殊榮與肯定。

Nature's Care取得的檢驗執照，意味著可以自行檢測即將出廠的產品，更可對外代檢別公司的產品，並收取費用。

過去沒有執照時，實驗室對每項產品的檢驗皆須委外進行，費用高且時間長，一般耗時約需二十一天，若支付高額快單費，也要七至十四天。

健康食品的有效期限，在美國一般規定是五年，而在澳洲的標準較高，最長只能三年。吳進昌仔細算過，如果產品的效期若只剩一年，就等同沒人會買，消費者都已習慣購買效期較長的商品，因此產品最好能在上架後半年內售完，於是如何縮短製程爭取時效，就成為Nature's Care分秒必爭的課題。當然最重要的策略，就是申請到國家授權的檢驗執照。

工廠自己製造並自行檢驗過關就能上市，這看起來好像球員兼裁判，總會給人有不客觀之處。因此澳洲核發該執照的標準相當的嚴苛，考核項目繁瑣又複雜。製造經驗是審核的第一重點，經營未達五年以上的公司，資格也不符；有五年以上經驗，還需提出一大堆計劃說明、做法、目的、評估方式以及確認評估結果的步驟與形式；考核完畢過關了，才發給只有五年年限的執照，此期間還要不定時的抽檢，若有點問題隨時會吊照。很多藥廠都想擁有這張執照，但能過關取得的很少。

在這麼嚴格的條件限制之下，台灣移民吳進昌創辦的Nature's Care做到了。

雖然投資在設立檢驗室的費用高昂，但產品可以自行檢測、同時只需二十四至四十八小時就能獲得結果，出貨時間大幅縮短，省下來很多的時間成本並衍生出很多的效益，相對來講的確是很划算。

回想起來，當初吳進昌若沒有移民到澳洲，在台灣或許不會有機會創立製造水準如此高標的企業。

在澳洲經營龍蝦出口事業的好友張守煌認為，吳進昌夫婦選擇移民澳洲創業是項明智之舉，澳洲的大環境與法治制度，配合他們對企業經營的用心與堅持，讓公司能有今日的規模「再看看台灣層出不窮的工安事件，造成的環境污染與民眾健康受害，當初他們若留在台灣，大家就少了Nature's Care這個值得信賴的品牌了。」

Nature's Care起步到今日始終支持吳進昌夫妻的董大山說：「在澳洲若製造販售的商品有問題，倘涉及危害人身或公共安全時，罪責是非常的嚴重，賠償的金額也可能是天價。」他強調，澳洲是個政治清明的國家，未經過嚴格層層考驗，政府不可能核發可自行檢驗的執照，它所攸關的是人民的健康與福祉，是澳洲政府最重視的人權。

由此可見，政府創造的大環境，制度、法規、觀念，仍是企業發展過程中，至為關鍵的一環。

吳進昌與陳素珍，把「良心」這顆種子，從台灣帶來澳洲，種入一片極其重視環保、人權、健康與教育的沃土裡，吳進昌的執著與堅持，陳素珍的愛與自然，澳洲政府的清廉，海外移民的友愛，共同讓Nature's Care發芽、茁壯。

Nature's Care已脫胎換骨，正如林萍所形容，由小池塘變成一座湖，本來就需要經歷蛻變的陣痛與磨合，移植到原野的大樹，尚需先修除根部與枝葉，經過新土地的適應與調整，才能重新向下紮根，才會枝繁葉茂，就如Nature's Care商標上兩片向上生長的樹葉，靠著大自然的滋養，持續的茁壯。

Part 7

為了家，為了愛

待人如己

冬季的雪梨，偶爾下起細細陣雨，和員工一起外出回來時，即使停車位就在玄關旁幾步之遙，吳進昌也堅持繞一圈將車停在大門口，給員工先下車後，自己停好車再冒雨進辦公室。

從一個人的生活細節，可以看出他在工作或事業上的用心。對吳進昌與陳素珍而言，關心他人其實只是做人的基本態度。在旁人看來，這對夫妻永遠做得比別人多了一點。

林萍曾與許多企業主互動過，她發覺有些人習慣挑剔抱怨，但陳素珍不會，「她很厚道，常可以看到別人缺失裡的優點，有時還幫做錯事的人解釋一番，比較另類。」社會上的人性弱點，她都可以從不同角度解釋原因，「有些人很直接的不假辭色，但她的包容力很好，會替人設想，而不會馬上指責他人。」某方面來講，這個老闆娘是個很「真」的人，她會一臉疑惑地跟林萍對話：

「我怎麼可以對別人不假辭色呢？」

「很多人是這樣。」林萍說。

「真的嗎？即使是沒有關係的人？」

「不管有沒有關係，他們都可以這樣做。」

陳素珍打從心底相信：這不是待人該有的方式。

原本與夫婿住在墨爾本的胡振芝，在Nature's Care工作期間，吳進昌夫婦特別安排她住進他們以前雪梨的老家。胡振芝因為工作關係，夫妻分隔兩地，吳進昌兩夫婦經常在下班後接胡振芝回家共進晚餐，陳素珍更不時會噓寒問暖，跟照顧自己親人沒兩樣。「她會因為自己身邊有個熱水袋和電暖器，就打電話問我一個人會不會冷？讓我的心整顆都暖了起來。」胡振芝說。

有一年，胡振芝陪陳素珍到香港參加世界第二大的Cosmoprof商展，由於參展廠商很多，飯店一房難求，公司同行三人只能共住一間，「大家每天幾乎都在商展上，回到飯店只是盥洗休息，根本不會在乎住宿品質。」但陳素珍卻因為未能有更舒適的安排而表示歉意，胡振芝說：「他們真的把員工當作家人。」

胡振芝在Nature's Care最忙的時期，為陳素珍帶來許多幫助，她發現胡振芝與另一位同樣賣力的同事，下班後根本沒時間上街購物，「為了獎勵我們的努力工作，除了實質獎金外，她注意到我們都喜歡套裝，於是幫我們買了一黑一白同款衣服，而且尺寸剛剛好。他們總是幫忙打理，讓員工不愁吃穿，我們沒想到的，她都幫我們想到了。」

被陳素珍形容「生氣時會罵人」的吳進昌，在胡振芝眼中是個「刀子嘴豆腐心」的老闆，當員工做錯了事，二話不說就馬上糾正。「他有著澳洲人的率直的特性，不拐彎抹角，也不口出惡言，他從來不針對個人作批判，只是把想法和意見直接表達出來，直讓對方覺得是自己沒做好而感到不好意思。」

胡振芝記得，曾有一名員工犯了重大的錯誤，讓公司蒙受不小損失，做錯事的員工被吳進昌當面嚴厲斥責，許多部門主管建議將該名員工辭退，沒想到他面有難色地說：「他跟了我十年，我想再給他一次嘗試的機會。」表面看是嚴厲，內心卻柔軟重情份，吳進昌瞭解帶領一個團隊，必須帶人要帶心，他在軍職生涯就已有深切的認識和體會。

每當員工接受了吳進昌的震撼教育，陳素珍總是找機會安慰對方，做對的部分給予肯定，失誤之處則提供協助，幫助員工找出問題點與解決方式，重建員工的工作信心。夫妻倆一收一放的管理風格，搭配得天衣無縫，也讓Nature's Care這部大機器得以順利運作。

「搬廠時為了趕工，建築工人日夜加班，每天晚餐過後，老闆會親自準備便當，每份餐盒裡放了荷包蛋、香腸和三至四項蔬菜，做好後趁熱親自送到工廠給工人當宵夜，每天晚上都如此從不間斷；」胡振芝說，那時她經常在辦公室裡找不著吳進昌，卻發現無論清晨或深夜，吳進昌從未停下來休息片刻。他不是一個光動嘴的企業主，那份關懷員工的心意，只有共事過的人才能深刻的體會。

吳進昌從未期待員工像自己一樣當個拼命三郎，反而是處處為員工設想。生產線的牆上，貼著「慢慢走、不要跑」的標語，鼓勵員工放鬆心情工作。二十四小時三班制的生產線在澳洲很少見，但吳進昌卻能提供彈性的上班時段，同時發揮機器的最大產能，「停機後再重新開始至少需要三十分鐘到一小時，三班制的生產等於一天有三倍產能，到了國定假日便停機放假，讓員工好好享受家庭生活。」

新廠的檢驗室取得政府執照後，原本可以對外收費代驗他家產品，以增加公司營收，但這個老闆想的卻是：「檢驗室是個重要且關係到公司整體發展的部門，我不希望員工太累，提供舒適的工作環境，發揮他們的專才，這才是企業主該有的思維。」

除了實質的生活照顧外，吳進昌夫妻倆也很重視員工們心靈的需要，特別是來自亞洲的移民。

佛教法鼓山原本在雪梨沒有固定的共修處，所以時常搬家，吳進昌於是將位於Hornsby的Nature's Care舊廠房捐出，無償提供法鼓山使用。

> 法鼓山在澳洲的推展已比較慢，現在聖嚴師父不在了，沒有一個固定的共修場，號召力可能變更弱，因此我就捐出場地。除此之外，我也帶頭樂捐裝修費用，並邀請所有的信眾一同參與，讓大家對這個地方產生凝聚力。

一位準備清空倉庫，來自中國的員工前來搬運貨品，正巧遇到吳進昌，他便對這個員工說，「以後你可以來這裡參加禪修，對你的一生會有很大的幫助。」

Hornsby這棟兩層樓的舊工廠，預計規劃為大型聚會殿堂，並設有小型會議室。透過心靈改革，吳進昌夫妻期待為大家提供一個合適的共修場地。正努力開拓中國市場的陳素珍，對這裡所能發揮的效果有著深切的期待：「我更希望藉由共修的力量，讓這些移民將心靈環保理念帶回中國，影響更多的人。」

情義相挺的朋友

吳進昌夫妻將員工當作家人，對朋友更是沒話說，當發現別人有需要，只要自己做得到，絕對不會遲疑；因此，周邊朋友總有許多深受感動的故事。

「很多人成功後就變得很驕傲，連擇友品味也都不同，朋友變得愈來愈少，但他們夫妻則是不一樣；」在《澳洲日報》擔任記者的周弘輝說，「他們一向很謙虛低調。」

「有些人變成大老闆後，接電話時常表現的很忙碌，久而久之，大家就不再繼續連絡了。」林萍說。

「可是吳進昌不同！」好友張守煌說：「他的工廠離我家約四十分鐘車程，而我到他家只需二十分鐘，有時我偷懶請他將我訂購的Nature's Care產品先帶回家，我再到他家拿，但他卻自己幫我送來，完全沒有大老闆的架子。」

張守煌提到，全球五百大企業中，京瓷與第二電的創辦人稻盛和夫，在日本素有「經營之聖」美譽，在他所著《人為什麼活著》書中寫著：

「人要克服失敗很容易，要克服成功卻很難；因為成功帶來自滿，走向剛愎自用之路；可是他願意跑遠路幫我送貨，這是他能夠成功的必然條件之一。」

「這是一種公司文化。有些企業主成功後，表現得讓朋友不敢接近，高處不勝寒常是自己造成的，並非職位的影響。」周弘輝以日本NHK電視台二〇〇二年的年度大戲《利家與松》的劇情與吳進昌夫妻創業的過程相對照，「幾乎是如出一轍，連夫妻倆的個性及待人處世的方式都很相似；就像他們從零到現在，是澳洲最成功的台商、最模範的夫妻。」

「我的五十歲生日就是在他家過的。」林萍說，為了工作關係與兒子搬至雪梨，和在台灣的丈夫、女兒分隔兩地，「那年他們也從台灣飛來雪梨幫我慶生，但不是在生日的當天；」陳素珍徵得她同意後，在她生日的當天邀請公司裡幾位和林萍熟識的同事，一同到吳進昌家中慶生。當晚，因為知道林萍喜歡吃水餃，吳進昌特別找來餐廳師傅到家裡現場桿麵、和料，製作最新鮮的水餃，「這就是朋友！」

某次林萍身體不舒服，又遇上繁重的工作壓力，出差回到雪梨後身體狀況很糟。她很想找個按摩師幫助放鬆身心，但在澳洲這類服務必須事先預約，有時還得等候數日。那天晚上原本是吳進昌夫婦固定預約按摩的日子，沒想到陳素珍無意間得知她的情形，立刻要大兒子去接林萍並將他們按摩的預約讓給她，「其實他們工作繁重也很需要按摩，但卻願意以朋友為重，真的很窩心，我一輩子都不會忘記他們對我的好。」

林萍說，在人生旅途上認識了這種朋友，知道自己可以完全信任對方，遇到困難時知道哪裡可以得到幫助，這是很重要的事；「我們一生中能有幾個這樣的朋友？」

透過為Nature's Care規劃品牌商標及產品包裝，董大山不僅成為Nature's Care的設計顧問，也從吳進昌夫妻口中的「大師」，成為關係密切的良師益友。

董大山回憶說，當年的Nature's Care只是小路邊的一座小工廠，然而一路見證吳進昌夫婦與工廠共同成長的過程，讓董大山看到了認真不懈的台灣精神。「他們兩人很拼，一直在綻放著生命活力，可說是台灣軟實力的代表。」對董大山而言，這對夫妻沒有背景，卻洋溢著飽滿的台灣人拼鬥精神，訂立了目標後絕對使命必達。因為背負著對員工和客戶的責任，他們常常會在公司為了解決各種問題而傷腦筋，「每次我都擔心他們做不久，沒想到愈做愈好、愈做愈大，前景充滿希望，隨時都能看到他們夫妻專心一致、同心努力，令我相當佩服。」

總會在Nature's Care業務忙不過來時，協助吳進昌夫婦的周弘輝，形容陳素珍是「周到又會替人設想」。

「本來我們並不是很熟的朋友，當他們夫妻知道我父親過世，陳素珍特別從澳洲趕回台灣參加告別式，當天還請友人一大早從台北開了四小時的車，送她到嘉義大林。」周弘輝離開台灣已近二十年，在台灣只有少數友人及同學有連絡，當天告別式場除了親戚外，幾乎都是他弟弟的人脈，從澳洲來的只有陳素珍一個人。「沒想到還有澳洲趕來的朋友，真的很感動。」因為這分相挺的情義，當陳素珍問他是否願意來Nature's Care幫忙時，周弘輝毫不遲疑的馬上答應。

就在周弘輝父親過世前不久，吳進昌久病臥床的父親也離開人世，夫妻倆趕回到花蓮老家奔喪，當時有幾位澳洲的朋友特別前去致意，讓陳素珍深深體會到需要朋友的感受，因而將心比心，「我覺得他很挺我們，所以非去參加告別式不可，回到澳洲後他告訴我，Nature's Care若有需要幫忙的地方，我一定義不容辭。」

陳素珍認為，周弘輝為他們所做的事，比他自己想到的還多。譬如在新廠開幕時的媒體接待上，「當時我們想邀請台灣的媒體來採訪報導，因他是記者，就請他協助安排。沒想到他相當熱心，從台灣邀請了四位記者來，而且每個採訪流程都處理得非常順暢，記者們都是他在接待和安排，我很感謝他。」

「他們在付出時，從沒有想到回報。」這是朋友們對吳進昌夫妻一致的評語。

遷廠後的低潮，讓吳進昌夫妻對周遭付出關心的朋友感動不已，特別是陳素珍，因為內向不擅交際應酬，她的朋友圈較小，但每個朋友所釋出的友善與支持，她點滴在心，林萍與胡振芝在宗教上幫助她找到依歸，在工作上提供建議與協助，是她最感念的人，因而隨時想找機會回饋她們。

「我已是離職員工，但她得知台灣有個心靈成長的三天課程，竟然幫我付錢報名參加；」胡振芝說，那套課程是以佛學為基礎，她自己認為許多內容都可藉由法鼓山的修習方式獲得，無須特別付費參與；但陳素珍覺得，透過課程可幫助胡振芝改變容易緊張的情緒，相信她一定能在課程中有所收穫，「她永遠想得比別人多。」

吳進昌夫妻很照顧朋友，重情義，讓他們在朋友圈或商場上頗受歡迎。

「有些澳洲的台商，假日常會邀請台灣駐外單位人員到家裡舉辦餐敘，吳進昌辦的和其他人很不同；」林萍說，到他家時，餐點都已準備就緒，原因是他們從準備餐點開始，就已經有很多好朋友、包括老鄰居Margret都到場幫忙，協助吳進昌準備食物，「幫忙的不是公司的員工，而是好朋友，就此不難了解他們與朋友之間的感情。」

「做事不帶目的，該做就做，動機正確時，不必特別算計，自然會有應有的回饋。」林萍說。

夫妻倆的生活裡充滿許多葉緣圓滑的盆栽，這或許是理解他們對待朋友態度的線索，「圓弧代表包容，有刺的植物是拿去種成籬笆防小人的，這些圓葉子則是用來交朋友的。」陳素珍說。

一半加一半的完整

剛從辦公室下班回來的吳進昌夫妻，換好居家服，正在家中的廚房裡準備著晚餐。

陳素珍為了健康的緣故，近年改吃素食，也因擔心夫婿的膽固醇過高，飲食生活上總是一直提醒他多注意忌口；在一旁的吳進昌將茄子切成滾刀塊，慢慢放入油鍋裡炸。

「炸的食物很油，不健康；」她在一旁輕聲提醒，語氣沒有一絲責備。

「這是小炸不是大炸，整塊壓下去讓茄子不會變黑。」他解釋著，她則微微一笑。

炸好的茄子再次下鍋前，吳進昌忍不住強調，「你看，我把油都瀝乾淨了，炒起來不會油膩；」她還是淡淡微笑。

餐點都上桌，他繼續解釋：「我淋了些辣椒油攪拌，不是炸茄子的油。」

軟嫩的茄子混合醬油、辣油的香氣，讓吳進昌與兒子大快朵頤，但陳素珍始終對那盤看起來油光四射的油悶茄子不感興趣。儘管孩子會捧場，吳進昌還是有著不捨，因為妻子的食量很小，他總會為了討她歡心而做些菜，但今晚這道油悶茄子可就是個錯誤嘗試。

前一刻還在廚房忙著晚餐的吳進昌，用餐時卻低聲地說：「我今天有點累，飯後不想去散步了。」

「不去散步？最近你的運動量比較少喔。」

「我過兩天會去打球，但今天真的有點累，你自己去吧。」

晚餐過後收拾完畢，陳素珍穿上外套準備出門，臨行前再問了問夫婿，「你真的不去嗎？」

「嗯，你自己去吧。」

飯後散步是陳素珍維持多年的習慣，現在住家附近沒有公園步道，於是她改成繞行住宅附近的區域，找出一條全程步行約一小時的路徑。

原本喜歡獨自一人散步的陳素珍，為了夫婿健康著想，開始要求他陪她一起散步。但她知道吳進昌不喜歡這種運動，常常找藉口不出門，她也不勉強他。至少她知道夫婿現在對高爾夫球極感興趣，就像他在創業時一樣的積極投入。

自己一個人散步，寂靜的街道讓陳素珍的腦袋可以盡情理出一些思緒，但當夫婿陪在身邊，就很難有安靜的片刻。吳進昌好像很難有幾分鐘不講話。不過這樣也好，很多在公司裡沒溝通好的事，趁著散步時的輕鬆心情，倒也是很容易達成共識。

陳素珍心裡明白，他是個很有責任感的男人，很照顧家庭。現在他經濟充裕了，卻時間有限，但仍會想盡辦法陪伴家人，把最寶貴的東西留給家人。

對這個在手術室病床上答應一起終身陪伴的男人，她心裡總是充滿著仰慕、心疼、理解與支持的複雜情緒。她認為，結婚後的吳進昌比較偉大，但是陳素珍總覺得自己比較勇敢。

身材嬌小的陳素珍，卻有顆異常剛毅的心。某次在台灣身體檢查時，發現腹中有腫瘤，被醫生判定為惡性，必須馬上開刀。

我當場笑出來，問他是眞的嗎？我沒有被醫生嚇到，反倒是醫生被我嚇到；對我來說，我只是面對現實，所以沒什麼負擔。我告訴醫生，開刀的事得回澳洲與家人商量。

回到雪梨，她平靜地告訴夫婿這件事，吳進昌一聽到便焦急地替她安排各式檢查。所幸，檢查發現那只是一顆普通水瘤，簡單手術切除便無大礙，全家虛驚一場。

每一次的波折，吳進昌反應與情緒總是很直接、不拐彎，但脾氣來得急去得也快，習慣在一旁默默承受的陳素珍，以另類思考找到方向，帶領夫婿轉換角度，一起發現事件的不同面貌。

我們是一半一半，所謂的另一半，真正的另一半，我相信在創業和工作上，有他的一半，也有我的一半，我沒他不行，他沒我也不行。

「我們很有默契，總是互相體諒尊重，」吳進昌補充說，「夫妻一起共事就像本尊和分身；她是個很愛家、節儉的人，而且還是心算四段的高手，我口袋有多少錢她都很清楚，所以我沒有私房錢。」愛開玩笑是吳進昌的特性，有他在的場合，總是笑聲不斷。

每天早上，陳素珍以八式動禪活動筋骨，準備迎接新的一天，吳進昌也會在旁跟著做，只不過他的動作幅度只做到「動」，而忘了「禪」。散步時，陳素珍謹記師父所教，腳在禪行，關注腳上什麼都不想，活在當下，慢慢靜下心，靈感就來了，但吳進昌總說，「我比較喜歡臥禪——專心睡覺。」

看著吳進昌，陳素珍笑說，「他很孩子氣，我常覺得我有三個兒子；」

「我也覺得我有一個女兒。」吳進昌趕緊補充說。

生性節儉的陳素珍，向來不認為自己有需要過多的裝扮，所以她的許多服裝甚至皮鞋，都是吳進昌幫她買的；「我買東西速度很快，站遠遠看，想像穿在她身上的模樣，看喜歡的就買下來，她的腰圍尺寸、鞋子號碼，我都記得很清楚；而她買給自己的都是便宜貨。」

「這點我不得不佩服，」陳素珍欣喜地說，「他選的衣服、鞋子真的很好穿又耐用。有次我在夜市裡，買了超便宜的鞋子，哪知穿沒多久就壞了。」

受到吳進昌的影響，兩個孩子在父親外出時，就會肩負起照顧母親的責任。對大兒子來說，陳素珍是家庭的靈魂、中樞，小兒子則認為，母親很會照顧別人但不會照顧自己，「以前我發現媽媽累得快生病了，問她為什麼要工作得那麼辛苦？她告訴我，因為要給我們好的生活、也怕員工沒工作。她總是在替別人著想，很少為自己想想。」

在這個家裡，有兩個專長不同的老師。父親教孩子實實在在的做事方法，母親教孩子如何做個好的人。

「我常以開玩笑的口吻告訴我的孩子，你爸爸是我從垃圾桶裡撿到的石頭，後來才發現他竟是一顆愈磨愈亮的寶石。」陳素珍洋溢著笑意說。

吳進昌五十歲生日當天，他們邀請許多好朋友一同慶祝，晚餐時，陳素珍鼓起勇氣，在賓客面前朗讀早先準備的情書，感謝他帶給她的所有感動，給她很大的自由空間與照顧，他總是以家庭為重。

可是他一點感動都沒有，反而是我自己和在場很多人也感動不已，但這就是他。

其實，吳進昌永遠記得這一刻。

「我覺得自己沒特別爲她做什麼，以前從無疑問反正做就是了，因爲如果我不做就是她做，但我總覺得不應該讓她做得太多，沒想到生日時她會寫這封信，這才知道原來她很了解我。

她嫁給我是在我狀況非常惡劣的時候，那時的我實在很糟糕，在我做復健時，她常心軟地掉下淚來。我曾經歷很多事情，手握過的星級將領達百顆以上，看過許多政治人物的高低潮，所以結婚時心很安定，不受外界誘惑。我始終認爲，惟有健全的家庭，才能創造出成功的事業，至於事業大小則靠努力而來。」

陳素珍說，在冬夜裡能蓋著暖暖的棉被睡覺，對她來講就是一種幸福，而這份幸福，則是維繫在家庭和諧上。所以當兩個孩子考慮要受洗成為基督徒時，與法鼓山、慈濟關係深厚的吳進昌夫妻並不反對，但卻提出一個建議：到準備結婚時再受洗。

「我認為夫妻必須信仰相同，才容易同心向前，而上下代不一定要有一樣的信仰，結婚時能確認兩人在信仰上的一致時，再受洗也不遲；」吳進昌說，「特別是在海外，家庭不好何論事業？事業的出發點是以家庭為考量，夫妻是最好的夥伴，自己人才能相互分擔、忠於對方，至於社會的責任和員工的問題只是衍生出來的，一切還是要以家為主。」

雖然廚房是吳進昌的轄區，但假日時，陳素珍總會為家人製作蘿蔔糕、草仔糕、包子、甚至是粽子等傳統點心，看著孩子一餐可以吃下四個她親手包的粽子，忙得再累她還是笑容滿面，而吳進昌總是在旁協助，偶而順便來幾句甜言「還是老婆包的粽子比較好吃。」她笑得更甜了。

回想二十多年前，因為疼，讓陳素珍決定帶領吳進昌認識她心中領受的愛與美好；因為惜，讓吳進昌決定戒除一切壞習慣，一切皆以家庭為重，在他一無所有的時候，還有個勇敢的女人願意義無反顧的與他共度一生。無論在高山或低谷，吳進昌對家的愛，永遠擺在第一位，他以行動來證明對家人的關懷，好丈夫、好父親的評語當之無愧。

而陳素珍，如同她自己所說，她的確是吳進昌生命中的天使。

無論孩子還是朋友，吳進昌夫妻總是眾人眼中的模範，不是他們各自的能力表現得好，而是相互搭配、截長補短的結果超過兩個人的總和。

每個人都有不同的盲點，一個人的好無法平衡，就像蹺蹺板兩端的人，要懂得彼此互補、調整，才能擺盪出美好的節奏與樂趣，所以老鄰居Margret說：「他們是加在一起，剛好十全十美。」

鐵漢柔情

見過吳進昌的人，看到他魁梧的身形、洪亮的嗓音、海派的作風，很難將「細心」與他聯想在一起，然而在家庭中，不時可見他細心的舉止，讓家庭生活充滿和樂氣氛。

陳素珍最喜歡的點心是核桃糕，剛結婚時，吳進昌總會在下班後，到委託行，買幾片核桃糕放口袋裡，接她下班時再給她驚喜，就這樣夫妻兩人甜蜜蜜地回家。

知道妻子節儉不愛花錢，吳進昌常常買一些東西送她，卻推說是在工地撿到的，每每這樣讓陳素珍滿腦子問號：工地怎麼會有這麼多東西可撿？直到今日，他還是會以「撿到的」解釋自己買回家送給她的東西。

有一次朋友來拜訪，帶來了一束紫色玫瑰花，陳素珍看了非常喜歡，沒想到不久後，當她從台灣回雪梨時，卻發現自家院子前已種了許多玫瑰，吳進昌很得意地告訴她：「一束有什麼了不起，我種一整排給妳。」

在澳洲的鳳梨不如台灣美味，挑選需要花點功夫，為了妻子喜歡吃鳳梨，吳進昌練就一手好本領，成為挑鳳梨達人，讓鳳梨成為家中必備的水果，而且是美味可口的。到日本旅行時，他也特別用心去找芭樂，並將芭樂切塊分裝在保鮮袋中，讓陳素珍可以每天嚐到愛吃的口味。

每當提起吳進昌，或是在他身旁閒聊，陳素珍總是洋溢著喜悅之情，雖然她話不多，微揚的嘴角與澄亮的目光總是說明了：她懂；「他其實很可愛，看起來高大粗獷，像個大而化之的人，但很多小細節他是非常細膩的，每次告訴他我想要的東西或想吃的食物，他一定會想辦法變出來，結果變成我再也不敢告訴他有什麼想要的，因為每次總是會讓他花費一番功夫。」

也擁有體貼細心個性的陳素珍，屬於知覺型，她透過視覺的觀察、聽覺的資訊與交談的感受，能經由感官的認知與理解，統整出對方的需求，如果無法及時完成她設定的目標，她會牢記在腦海裡，等待合適時機再進行。

然而吳進昌的細心卻屬視覺型，他常以面對面的洽談來觀察對方的需求，並且立刻提供解決方案，如果沒有即時解決，一旦沒有看到當事人或沒查備忘錄，就會忘了該處理事情；所以，陳素珍常笑著對家人或朋友說：「你要記得提醒他，不然他會忘記答應你的事喔！」

有夢最美

即使不刻意追求，如今的生活環境與昔日大不相同，但陳素珍覺得自己的心境始終沒有改變，擁有優質地段的好房子，出入也有高級進口車，一切都是水到渠成。

一九九八年，吳進昌買了一部音響很好的賓士車送給她，車牌就掛著「JINA」四個大字。「Alex叫我自己開上路時，我才想起當年在台北街頭擺地攤時的一個夢想，他幫我實現了！」

就如今天的這趟行程，吳進昌夫妻驅車前往雪梨北方的獵人谷（Hunter Valley），準備評估一座酒莊的投資可能性。獵人谷是澳洲新南威爾斯州最有名的產酒區，區內密佈著大大小小一百多個葡萄酒廠。每逢節日假期，來自海內外的遊客絡繹不絕，不僅可免費品嚐各家精釀的葡萄酒，還能欣賞田野美景，並可從事戶外休閒活動。

獵人谷是陳素珍最喜愛的度假地點，她每年總要去好幾趟，每次去都捨不得離開。她形容，獵人谷的黃昏景色，美得像電影《遠離非洲》裡的場景。的確，夕陽餘暉映照在獵人谷綿延的葡萄藤上，為大地披上一層金光閃爍的外衣，零星點綴的鄉間酒莊，猶如新印象派畫作的點描法，遠遠矗立在山坡。離開繁忙的車道，四周蟲鳴鳥唱聲不絕於耳，混合著風聲，演奏著絕無僅有的天籟；當夜色來臨，滿空星光伴著一輪新月，交織安詳。

捨不得離開獵人谷，吳進昌總是哄著陳素珍說「我們沿路玩回去」，直到邊玩邊開上了高速公路，她才知道已經踏上歸途。「其實我第一次來就愛上這裡，心中暗想，以後買個酒莊來釀酒；雖然這個夢想似乎很遙遠，但我希望不遠的將來可以實現。」

陳素珍從不奢求更多，現在擁有的一切她已經很感恩了，因此一直維持著最初的單純想法，像小蝸牛一樣，一步一步踏實地走。

然而，對吳進昌來說，夢想卻是人生的重要目標。有了夢想，吳進昌一定會往前衝。由成家、立業、移民、再創業，吳進昌照著自己的夢想經營著家庭與事業，即便周遭都是反對的聲音，他也絕不選擇放棄。因為堅持，他的夢想才能成功。

在Nature's Care既有的成功基礎下，近年吳進昌投入藥物研發的領域，以橄欖葉中的橄欖多酚製造抗流感藥物。這項稱為NACA的萃取物，抗氧化成分是葡萄子的一百倍、維他命E的五百倍，澳洲又是盛產橄欖的地方，在此優勢之下，吳進昌聘請了研究團隊，進行一連串的藥物研發工作，接下來將是三階段的臨床試驗期，雖然距離正式上市還有一段漫長的路，但他已經朝新目標踏步出去了。

除了將投資計畫的觸角延伸至酒莊外，吳進昌夫婦也打算將先前在雪梨郊區Terrey Hills購置的休閒園區，轉型為Nature's Care休閒中心。這片園區是由複合式餐廳、園藝中心、水族館、盆栽店與幾家東方藝品店及日式花園組成，原業主因經營不善而出讓，吳進昌覺得，這個區塊有點像台北的陽明山，附近有很多高級住宅區，未來很有發展潛力。

這個位於新州三號州道旁的東西向園區，幅員寬廣，吳進昌還計劃買下隔鄰的土地，擴大範圍，打造成雪梨北郊另一處觀光休閒聖地。

「我想要修改原有停車場的動線，擴大餐廳營業範圍，再加上其他餐廳與咖啡廳，搭配園藝中心、盆栽店、各式文化小鋪與休閒商家，甚至建設一座Nature's Care貴賓的專屬用餐空間……」

在吳進昌腦海裡，新的夢想都已具體呈現，各自就位。

以一位企業主的眼光，吳進昌看到Nature's Care的發展，經營模式必須由家族企業蛻變為專業經營團隊，即使他們不需要外在的金援，但公司持續向上成長的結果，上市仍是必要選擇。

「獨資企業的發展有限，上市是一種必然的趨勢，先準備妥當，等候最好的時間點，建立有力的經營團隊，將來對股東才有好的獲利規劃。」

對Nature's Care的員工而言，上市等同於大家都有機會成為未來的股東，大家的工作態度不同，更有動力與向心力。

「以前，我只想讓孩子接受好的教育，做點小生意養家糊口，但沒想到一做下去就身不由己、欲罷不能，也真的沒想過Nature's Care會有現在的規模，將來甚至要上市、成為跨國企業。」吳進昌說。

「對我來說，Nature's Care就像我的第三個孩子，我是以照顧家的心情來經營。」陳素珍說。

二十年來，吳進昌不斷在前方為自己建立夢想、設立目標，他和妻子陳素珍把最初的心，放在兩個孩子和家庭上，建立美滿幸福的家園，才是他們夫妻最大的夢想。

攜手同心一起打拼的夫妻，在人生與事業的道路上攜手並進，為了滿足家人的需要，這所謂的家人也包括員工和朋友，他們總是想盡心盡力，成就了今日不凡的Nature's Care：一個愛人、愛家、愛環境的企業。

正如荒野保護協會創辦人徐仁修所言，所有選擇移民的人都只有一個目的：為了家，為了愛。

看見生命奇蹟

Part 8

承載使命的夢想成真

雪梨的夏季，氣候宜人，雖偶有高達攝氏三十八、九度的熱浪來襲，但到傍晚，溫度驟降至二十多度，沁涼又舒適。

凝望車窗外的陳素珍，嘴角掛著一抹微笑，心情愉悅，對她而言，走一條嚮往的路就不疲憊，而今天，又將再度造訪她心所嚮往的獵人谷。

過去，她是個依戀獵人谷的遊客，如今，她已是Nature's Care夢幻莊園的女主人。

一下高速公路，高低起伏原野在眼前呈現，天氣也逐漸清朗，綠油油的葡萄園盤據山丘，點綴著各具特色的酒莊建築；牧場裡馬匹優閒吃草，轉個彎，品嘗了好酒的遊人準備驅車前往下一處。當車輛駛經一片薰衣草田——Nature's Care的經典植物，紫色的浪漫花海讓陳素珍的笑容更燦爛了。

占地七十七公頃的Nature's Care夢幻莊園，是陳素珍夢想成真、邁向人生的另一個里程碑，也完整了Nature's Care的事業版圖。

入口處的薰衣草園，如歡迎賓客般散發著淡淡清香；四周庭園造景的池塘亦為園區的灌溉用水，水鴨們在上自在優游；較北的兩層樓房舍為度假屋，南側以大面落地窗迎接旭日的是二〇一六年完工的品酒廳，兩幢新建築間是莊園裡最早興建的品酒室與釀酒廠。

購入莊園前的二〇一三年夏天，連續參觀了幾個酒莊，陳素珍因不勝酒力而在此休息，沒想到清醒後不禁對這座莊園產生濃烈興趣，一個多月後順利成交；擁有獵人谷的酒莊原本對她來說是個遙不可及的夢，但夢想，卻在她不抱希望間實現了。

移民到澳洲不久，陳素珍第一次造訪獵人谷，便完全受到這片原野景色吸引，特別是望著遠山的夕陽餘暉，金色陽光灑在隨地勢起伏的葡萄園，夏季裡綠意盎然，冬季裡枝幹清冷，隨著四季變化風情不同，讓深愛自然的她，每年總要來上好幾趟；逛著小店街，瀏覽店家的陳列，站在屋廊上望向遠方，迷人的風光總讓她不捨離去。

只要好友來訪，吳進昌夫妻一定帶他們到獵人谷走走；小兒子Jack形容母親每次來到獵人谷，就像孩子進入糖果店一樣，興奮之情溢於言表。究竟為什麼這麼喜愛獵人谷？陳素珍始終沒有一個答案，直到某一年她才發現，原來是思鄉情懷。

兒時在嘉義蒜頭糖廠生活的陳素珍，從小就是個愛做夢又多愁善感的孩子；獵人谷寬廣的大平原襯著遠山，讓她想起從前糖廠那一整片同樣遼闊的環境，背景則是高聳的中央山脈。

因為想家，讓她對獵人谷情有獨鍾。至於擁有一個酒莊，則是個單純的夢想。

獵人谷是澳洲歷史最悠久的葡萄種植與釀酒區，在此約有一百五十座生產全球頂級紅酒的各具特色酒莊，皆提供多種自家招牌酒品供遊客試飲。面積較大的酒莊多為財團經營，以葡萄酒販售為主業；另有一部分屬於家庭式經營，種植葡萄交由專門工廠釀製酒品，這類酒莊有著小小的品酒販售櫃台，並陳列自家生產的農產品。

憑著一份很單純的愛慕，以及對家鄉的投射，陳素珍相當滿足於每次的獵人谷之行。夫妻倆每次到獵人谷一定挑選幾間酒莊，參觀葡萄園同時品嘗葡萄酒，吳進昌總會選購幾瓶好酒，然而醉翁之意不在酒的陳素珍，喜歡四處散步，欣賞酒莊主人對環境的用心，溫馨的家庭式酒莊最受陳素珍青睞，她經常坐在走廊上凝視夕陽餘暉映照山丘的閃耀金光，捨不得離去。

數年前與友人同遊，一行人在黃昏時分瀰漫舒適氣氛的小酒莊試酒，酒不醉人人自醉的陳素珍無意間脫口而出：「我好喜歡這家，問問主人是否願意割愛？」雖然沒買成，但吳進昌就此把妻子的話放進心裡。對他而言，妻子的物質欲望向來極低，只要她開口，他一定努力達成。吳進昌積極地尋找欲脫手的酒莊，一有消息就帶著陳素珍前往獵人谷探訪；陸續看過幾間酒莊、與經營者洽談後，陳素珍深覺隔行如隔山，經營管理酒莊的學問深奧，她要求吳進昌別再尋找，告訴他，「喜歡，不一定要擁有。」

購買一間酒莊的理想，陳素珍打從心底放棄了，畢竟她沒有非要不可的期待，但是吳進昌沒有放棄。

二〇一三年初，陳素珍出差回到雪梨，吳進昌隨即告訴她獵人谷有酒莊待售，她對夫婿的堅持報以莞爾一笑，樂得再一次欣賞獵人谷的風光。

夏日的陽光，曬得人暖洋洋，這座待售的酒莊設施完善，腹地廣大，管理良好，只要再稍微整理就可以對外營業，主人亦熱情地招待各式酒款供大家品嘗；稍後，一行人再轉往朋友介紹的另一間酒莊。酒精在陳素珍體內發酵，甫一下車，她立即趴在葡萄藤下的野餐桌休息，無法隨著大家參觀。

葡萄藤蔓為她遮擋藍天高掛的夏陽，微微的風徐徐吹送，混合多種植物的原野氣息環繞著她；半晌，她抬起頭來環顧四周：一邊是小而不起眼的品酒櫃台，另一邊是看似廢棄的釀酒廠，不遠處有個小水池，後方則是一大片葡萄園。此處沒有華麗的裝飾、妥善照顧的環境，但不知怎麼的，她卻被片刻的安穩氛圍深深打動，就是這裡了，夢醒所見的莊園，這將是Nature's Care夢幻莊園，她心想。

陳素珍所見的葡萄酒莊，當時可是在最差的狀況。相較其他酒莊，這裡的品酒室相當迷你，釀酒廠已荒廢多年，釀酒設備完全不堪使用，蓄水池乾涸見底；為了節省開支，酒莊主人甚至以兼職方式雇用管理員照顧園中的葡萄樹，每年採收葡萄運往其他酒莊釀酒，而那一年，連葡萄都歉收。

待售多年的酒莊，加上完全低到谷底的情形，強化主人出售的決心，雙方相談甚歡，一個多月後，陳素珍心中多年的夢想——擁有一座獵人谷酒莊，終於實現了。

種葡萄、釀酒，是獵人谷內每一處酒莊的主要營業項目，但陳素珍最初的想法卻是將來退休後，夫妻倆在莊園過著自給自足、分享自產商品的閒適生活；「我想在那裡建造一幢自己的家，與家人好友一起分享這片美好景色。」她也期待仿製喜歡的特色小店，自己的莊園裡也有個賣店，販售園區生產的新鮮雞蛋，還有乾燥的薰衣草束，一把澳幣三·五元。即使對外營業，賺錢並不是她最主要的目的。

曾經因為經營管理的問題讓陳素珍放棄莊園夢，卻在買下莊園時解決了。原本協助前地主的兼職管理員Kees，為吳進昌夫妻詳細說明整片莊園的環境與設施，了解他在獵人谷地區擁有近三十年的酒莊管理經驗後，夫妻倆決定聘請Kees成為Nature's Care夢幻莊園的專職管理經理。

信任，為Nature's Care賺得難能可貴的人才，也使中年破產的Kees，重新展開事業第二春。

農業背景的Kees，不僅懂得各種農事，因為深愛酒莊事業，取得釀酒與品酒執照，甚至曾買下一座酒莊，逐年逐步按照自己的計畫打造。未料，天不從人願，理想酒莊尚未完成，不願過著鄉居生活的妻子決定與他離異，龐大的貸款與贍養費，逼得他不得不賤價出售酒莊，更罹患重度憂鬱症。即使人生走到谷底，Kees仍勉強以兼職在他最愛的獵人谷工作，終於遇上賞識自己的伯樂。

在夢幻莊園中，陳素珍愉快地騎著單車，透過Kees的解說，逐步了解釀酒過程；收成後的葡萄經過壓榨，僅留葡萄汁作為釀酒之用，鹼性高的葡萄渣，無法做為堆肥，對酒廠而言屬於事業廢棄物，必須付費清運處理。她想起自己曾經為酒糟而到金門尋訪，於是靈機一動，帶回少許葡萄渣，交由實驗室研究人員分析成分。

葡萄渣的成分報告讓陳素珍大吃一驚，其中的葡萄多酚含量竟然高於公司採購的原料，看到報告的吳進昌相當興奮，立刻和Michael著手研究如何分離葡萄渣的皮與籽，以及萃取其中成分的技術與設備，加上研發人員的合力投入，讓Nature's Care的事業觸角向原料生產延伸。

吳進昌怎麼也沒想到，當初為妻子圓夢而購置的莊園，竟然有著原料生產的角色，「製造業最重要的元素是原料，特別是把關如藥品一樣嚴格的健康食品。」

對Nature's Care而言，含葡萄籽和葡萄皮的葡萄渣，乾燥後分離，葡萄籽可壓製葡萄籽油，再萃取花青素製成葡萄籽膠囊，同為營養價值高的葡萄皮，也可製造其他健康食品。發現這項優勢之後，Nature's Care同時也主動收購鄰近酒廠的葡萄渣，讓優良原物料能夠再被利用。

再次發現Nature's Care夢幻莊園的另一個使命後，除了葡萄，吳進昌進一步種植薰衣草、橄欖樹和麥盧卡茶樹等產品原料，「這些都是由澳洲最好的農地生產出來，價值更高，對品牌的助益大；雖然成本略高，但令人安心。正如葡萄子萃取的花青素，是對人體極為有益的抗氧化劑，近幾年中國的霧霾問題嚴重，花青素能協助代謝體內的重金屬，在中國市場很受歡迎。」

將葡萄渣由垃圾變黃金後，陳素珍體悟Nature's Care夢幻莊園的葡萄不只是釀酒、賣酒，更是優良健康食品的原料來源。

「雖然澳洲政府有嚴格的規定，但超乎規範之外的部分沒有人探討研究。買下莊園才逐漸理解，原來我的階段性使命是成爲一個源頭生產者。

自己曾多次遭遇利益和品質在天平兩端的掙扎，這是很不容易克服的問題，必須有明確而堅定的立場，若沒有把持住，極度容易迷失；那怕迷失時間之短，影響也非常深遠。現在覺得莊園最重要是能掌握部分原料，提供工廠使用。」

澳洲農業所使用的農藥和肥料需要經過申請，由持有合法執照的人員施用，因此在地生產的農作物，都不會產生農藥殘留或危害人體的疑慮。

「像在台灣一樣，澳洲的農業生產也是弱勢的一環，但我們不會馬上評估有沒有優勢。就像當初設工廠一樣，如果看到的都是製造業在澳洲的困境，工廠也別開了。澳洲的製造業難以生存，TGA的執照難以取得，再加上管理法規的嚴格，一般企業要踏進這個門檻非常困難；但也就是因爲我們最初沒有專注在阻礙上，現在這個工廠變得十分有價值。

早年Alex的侄兒曾問我，投資那麼多錢買許多鍋盆，就爲了製造幾瓶綿羊油，眞的划得來嗎？當年的幾個鍋盆卻成就今日的一番大事業。原料的未來會如何？其實誰也不知道，我的動機單純爲了取得好原料，特別當台灣的黑心產品頻頻爆發，讓我更有決心要做好源頭把關這件事；買下莊園至今仍在虧損狀態，但可以自己掌握源頭，建立安全安心的供應鏈，我相信永遠都有空間。」

經過幾年的營造，Nature's Care夢幻莊園展現了不同風貌，莊園產出葡萄渣所萃取的原料，也在二〇一五年開始進入健康食品製程，為Nature's Care建立全新的事業里程碑。

陳素珍回想第一次採收莊園的葡萄，她和吳進昌全程參與；為了避免葡萄因白日溫度太高而氧化，採收是在夜晚氣溫降低後進行。在偌大的葡萄園看著採收機取下串串葡萄，她流下滿足又幸福的眼淚，她細數，舉凡播下的種子，每一個都有收穫，為富有的心靈而感動，將來，她還有無數個夢、欲撒下無數個種子，她祈願，每一個種子，都能帶著愛的祝福，成為良善的循環。

愛的航行線

吳進昌的兩個兒子，在父母眼中相當體貼，但表現方式完全不同。Michael身體裡似乎住著一個老靈魂，深知自己長子的職分，所有責任一肩扛；大學念的是興趣不高的生物工程，期待替父母的事業分憂解勞，後來赴日深造，學習日文和行銷，為接班做準備。Jack則像開心果，好脾氣的他經常展現貼心小動作，屢屢贏得長輩讚賞，很有投資理財的眼光，但「製造維他命」對他而言是個一點也不炫的行業；身為老闆之子由助理做起，不但自己提不起勁，連主管也不好意思給他太多負擔。

二〇一四年，Michael與相戀八年的Lily結婚。婚禮當天，兩個年輕人決定不忘本的依循傳統婚禮，於上午完成台灣習俗迎娶儀式：進門時，Lily踏碎瓦片，象徵舊事已過、好運來臨。下午，在雪梨市區的百年教堂St Philip's Church，Michael和Lily舉行最美的結婚典禮，藉著眾多親友的見證，相互許下承諾：執子之手、與子偕老。

晚宴上，擔任伴郎的Jack，不免俗地要向賓客介紹新郎，一家人生活多年，這是他第一次在大庭廣眾之下，表達自己對Michael的看法。

「我的哥哥，對我而言是英雄、良師、第二個父親和益友。

無論在運動場、學校、工作和家庭，Michael一直是個把每支隊伍扛在肩上的超級英雄，而被稱為Super Wu。作為一個領導者，他協助弱者給予力量，使強者懂得謙讓的重要。他總是喜歡挑戰最困難的任務，那無畏的性格讓他願意為達目標、犧牲自己。他散發的熱情吸引所有人走近他，使人更有安全感。他就像個教父；如果你在他的圈子裡，他將永遠照顧你。最重要的是，Super Wu已經在過去二十五年看顧我；從我出生，他一直鼓勵我，保護我、照顧我。在我最悲傷的時候，他總是設法安慰我；如果我跌倒，我知道他會準備抓牢我。」

「當我受傷，你看護我，當我生氣，你使我平靜。感謝你成為理智的聲音和模糊中的指引，謝謝你成為Super Wu。」

「從小到大，無論是騎自行車、做功課、玩遊戲、吃日式燒烤、會議桌的談判，甚至是照顧父母，Michael一直在我身邊，一步步告訴我怎麼把事情做好。如同每位優秀的老師，他嚴格、有耐心、願意以身作則。

有一次他告訴我：『我不會比任何其他人強，但我知道我能做得比他們更好，因為我有正確的技巧。Jack，你試試。』他以多數人忽略的方式處理事情。很多時候，他會要求我去陪伴爸媽；媽媽、爸爸，你們所灌輸給Michael的家庭價值觀，他也傳給了我。他從來不會計劃自己想做的事，而是永遠為家人的興趣而規劃。他會在假日早晨強迫我起床和爸媽一起吃早餐，他說：『還有多少機會我們會被叫醒與父母一起吃早餐？好好珍惜我們共同擁有的時刻。』

爸媽為了事業非常忙碌。從小，當我餓了，Michael會準備食物給我，送我上下學，陪我玩，或教我做事。他真的很照顧我，就像爸爸做的一樣。高中時，大多數早晨我必須在六點半到學校進行籃球訓練，而這段路是四十五分鐘車程。他每天早晨為了載我去訓練而特別早起，因為他希望爸媽有多一點睡眠，亦不願讓我獨自一人趕火車。謝謝你，Michael，當每個人都是由父母載送，我有你陪伴左右，謝謝你一直在那裡照顧我，就像媽媽和爸爸一樣。

多年來，他一直是看見我最好和最壞那面的朋友，即使差了六歲，我還是覺得可以告訴他所有的事。他從來不擔心給我正確的意見或是不想聽的說法，總是告訴我應該做的事。而最重要的，他總是說：『別擔心，一切都會好轉。』他是我可以用生命信任的朋友。」

「Michael，你去日本留學的那一天，在我的生活留下一個巨大的缺口，我覺得我的老師、監護人、英雄和朋友離開了。你給了我一包鑰匙，交代我：『照顧家，照顧媽媽和爸爸，並好好照顧自己。』我所能做的只是茫然地望著你。後來的幾年，我試圖扮演Super Wu的角色，那時才知道，你為了這個家和我做了多少，真的謝謝你！

對於感情，你曾說：『有時你需要失去一些，才能讓兩人一起贏。』在你和Lily展開新人生旅程的今天，我把這話送回給你，祝福你們牽手到永遠。」

隨後，身為主婚人的吳進昌和陳素珍夫妻也一同上台，向在場賓客道謝，給予兒子和媳婦最深的祝福。

「看著孩子長大成人，有一個幸福美滿的婚姻，是為人父母最大的成就與驕傲！

當懷孕時第一次聽到那強而有力、令我感動的胎音，他就成為我最親近的朋友了。才六歲剛開始學中文的Michael跟著我們移民澳洲，得重新學習英文。當爸爸不在家，對外溝通成為他的工作，出門負責看地圖、找路兼送貨，十二歲已能協助公司出國展覽。直到赴日學習的前一晚，交給Jack一大串鑰匙並逐項交待，我才恍惚大悟，這個孩子為這個家做了那麼多事、負那麼多責任。他在日本那段時間，總讓我覺得少了一雙有力的手。

Michael天生給人一種天塌下來有他頂的安定感。遇到難題只要找他商量，他一定接手處理；公司的人事問題，他將人帶到自己部門不造成他人困擾；同情心強，總是主動伸出援手，難怪他身邊人氣很旺，朋友稱他Super。」

「家，對你來說相當重要。你總是把家人的心緊緊連在一起，無論是工作或玩樂，也把照顧阿公、阿嬤當成自己的責任。多年來，很少看你和Lily單獨旅行，總是全家老小相偕出遊。自從你加入公司後，我似乎在你身上看到爸爸年輕時創業打拼的影子，相信公司有你和Jack的加入，會有更好成績。

八年前，你帶回一個女孩準備交往；那天起，你和Lily總是手牽手，開車牽著手，吃飯牽著手，連在客户面前，手也從未放下過。爸爸和我常常笑著說，看你們要牽多久；果然，八年都沒放手。今天你們結爲連理，再來的日子，更應該緊緊牽著彼此的手，心連心共同經營一個幸福美滿的家。在這美好的日子，媽媽有幾句話特別叮嚀，Michael、Lily，要時時抱著感恩的心，感恩彼此的愛，感恩曾經協助你們的人，感恩讓你們成長的人，將自己擁有的幸福分享給家人、朋友和同事，使身邊的人都充滿幸福。」

一個多月後，Jack結束香港的展覽回到雪梨，下班後和好友們參加一場籃球友誼賽，籃球一直是他最熱愛的運動，高壯的身材，正是多年的訓練結果。回到家，準備上床休息之際，突然一陣頭疼。這狀況不是第一次發生了；Jack為了頭疼看過不少醫生，以為是鼻竇炎引起，卻始終沒有根治；但這次的情況他從來沒有遇過，感覺像是有人拿著榔頭一直猛力敲打，他痛得只好向吳進昌夫妻求救。全家人嚇了一跳，陳素珍以為孩子是參展過勞，替他刮痧後服了止痛藥，Jack強忍著痛，心想勉強自己睡著就好。隔天，除了睡眠不足，頭疼的問題確實排除了。陳素珍急忙幫孩子向醫師約診，Jack卻不以為意。

十一月二十三日，意外發生了。下午Jack照例和好友打籃球，中途又開始頭疼，他下場在一旁休息，但卻愈來愈嚴重產生反胃現象，他走進廁所卻痛得在地上打滾，逐漸失去意識，三個交情最好的朋友見狀，立刻叫救護車。

當Jack醒來，已經躺在醫院裡，醫療人員做完各種檢查，發現他是硬腦膜下積血，必須開刀取出血塊。在台灣為婚宴進行前置作業的Michael和Lily接到Jack好友的電話不敢置信，立刻通知在雪梨的父母，吳進昌夫妻趕到醫院，心情忐忑。

開完刀，為了讓腦壓下降，頭骨暫時未放回，Jack必須戴著安全帽以防感染；他的直覺反應是頭不疼了，護理人員要求他下床走路、復健皆照做，食慾也不錯。雖然接到消息的朋友同事都很驚訝，不過聽起來手術順利，聖誕節前就能康復出院了。

第二天上午飛回雪梨的Michael和Lily，立刻到醫院和父母會合；陳素珍心疼孩子的遭遇，Jack則正向以對，Michael更一肩擔起照顧弟弟和媽媽的責任。

澳洲的醫療技術與設備雖然先進，但醫病關係疏離。Jack住院後，吳家人想和主治醫師討論病情難如登天，能碰到住院醫師算是運氣好。硬腦膜下積血通常發生在腦部遭受外傷的老年人身上，對飲食正常、運動量大的年輕Jack來說，實屬罕見。而加護病房，每天只開放兩小段時間，沒有為家屬準備的休息室，夜間甚至不能留在醫院裡。

陳素珍不放心孩子的病情，每天一早就到醫院守著，期待能見到主治醫師講句話，公司的Rachel每天也到醫院陪著她；顧不得醫院的規定，晚上則是Michael待在醫院裡，讓Jack知道，家人隨時在身邊。這段期間，孩子們的教會牧師天天到醫院為Jack讀經禱告，吳進昌夫妻的法鼓山、慈濟師兄姐也不停前來探望；然而身為一個母親的直覺，孩子狀況不對，她在這些安慰中找不到神，心上繫著一顆沉甸甸大石。

一開始，醫師原是計畫半年後腦壓完全下降，再進行第二次風險極低的手術，以人工骨頭替換受損部位，放回頭蓋骨；卻又告訴他們，手術提前在聖誕節前進行。吳家人早為Michael和Lily安排台灣喜宴於年底，幾經討論，決定婚宴照常舉行，小倆口先返台準備，吳進昌當天飛回台灣。為了這場喜宴，雪梨的親友們全趕赴台灣，只剩Rachel和特地由墨爾本來的胡振芝在身旁。

十二月二十日。Jack再一次進手術室，手術前Jack貼心地捏著媽媽的手，示意她別擔心；而醫師所謂的四十分鐘無風險小手術，卻讓陳素珍在手術室外苦苦守候整整一下午，來來往往的醫護人員沒有交代隻字片語，她的心，不斷、不斷、不斷地，往下沉。

夜已深，吳進昌搭機返台，醫院的角落裡，不祥的氣氛籠罩，陳素珍不停擦拭淚水，腦中翻轉Jack從小到大的片段點滴；同為人母的Rachel，深切感受她的難受，請胡振芝陪她回家休息，自己留在醫院裡。

凌晨五點，手機鈴聲劃破四周一片靜寂，Rachel通知夫婿來接她。一夜未闔眼的陳素珍什麼也沒問、沒說，心中只有一個想法，只要能換回Jack，不計代價，即使付出全部的自己。

聖誕節期的醫院空蕩蕩，醫護人員多半休假去，Jack意識不清，表情卻顯出極大痛苦，陳素珍知道那不是術後疼痛，孩子的腦壓升高，四肢逐漸失去知覺，話語氣若游絲甚至無法發聲，她抱怨，為什麼不給孩子食物？值班護理人員淡淡表示，醫師休假前囑咐暫不進食，營養針也停止。北半球的Michael正在婚宴上接受大家祝福，南半球的Jack卻與死神拔河中，手心手背兩塊肉命運截然不同，幾乎令她崩潰。

結束假期上班的醫師，發現Jack的狀況與預期不同，緊急再進行手術。發覺自己身體功能不斷退步的Jack開始害怕，一緊張，身體出現不停抖動的痙攣現象，更加深Jack的恐懼感，一個人在只有病人呻吟和高頻儀器聲的加護病房，他望著牆上時鐘不敢入睡，深怕睡著後再也見不到家人。體力衰退、沒有進食、孤單恐懼，讓原本籃球員體格的Jack，體重驟降二十公斤。

在台灣參加婚禮不到二十四小時，吳進昌旋即飛回雪梨關切孩子的病況，對妻子日漸消瘦更是憂傷不已，他知道自己一定要想盡所有辦法，救回病榻上的孩子，才能一併救回病房外身形憔悴的妻子；多年來的商業經營，為他累積不少人脈，在澳洲求助無門的情況下，他想起家鄉的濃厚人情味，於是聯繫台灣企銀董事長黃添昌，尋求醫療建議。另一方面，不願再無助看著孩子受苦的陳素珍，雖然從不主動與政商人士打交道，決定向在澳洲有過醫療經驗的國策顧問黃正勝求援。電話那頭，黃正勝正因術後複診在雙和醫院神經外科等候林乾閔主任，他隨即詢問林主任，是否能先派遣醫護人員到澳洲了解狀況，再決定後續治療？透過林主任的安排，神經外科醫師蘇鈺凱偕同一位護理師，在十二月三十一日上午抵達雪梨，立刻前往醫院。

乘著曙光而來的醫療人員，為吳家帶來希望。

病榻上的Jack，見到來自台灣的醫療人員，猶如見到天使，原來台灣的醫院是這麼照顧病人。在蘇鈺凱建議下，護理師教授家屬為臥床許久的Jack按摩四肢，那份溫暖化解他的恐懼。陪在弟弟身旁的Michael，為憔悴的他打氣說：「舊的一年過去，厄運也隨之結束，別擔心，新的一年一切都會好轉。」

經過幾天觀察，將病歷送回台灣與林主任討論後，蘇鈺凱建議以專機將Jack送回台灣進行後續治療。

這項提議引發許多人質疑，澳洲是個先進國家，醫療技術怎可能落於台灣之後？加上高空的壓力勢必對傷及腦部的Jack造成影響，危險性相對增高。慢慢恢復語言功能的Jack，對蘇鈺凱提出許多疑問，他解釋，機艙是一個隔絕環境，容易腦出血的不穩定病患，以及需氧量高的人會受氣壓改變影響，但Jack沒有這兩項問題，而且將有一組醫療人員在機上照護；相對而言，澳洲的醫病關係較緊繃，長時間在加護病房沒有日夜感，護理人員出現常是抽血、給予痛刺激，對日後的復健恐有阻礙。

二〇一五年一月六日，國際醫療專機在機場待命，由於登機走道狹窄，護理人員難以抬起擔架前進，Michael蹲在擔架下，撐著弟弟上飛機。對陳素珍而言，這是心碎的一天，二十五年前的一月五日，她帶著兩個稚兒移民澳洲，二十五年後，她卻是帶著尚存一息的孩子回台灣；她不願任何人來送機，只想靜悄悄快速離開這裡，離開不利孩子的氛圍；她以為只要不出聲、不張揚，所有的不幸就找不到Jack，找不到他們一家。

一個半月來，思緒為孩子而糾結的陳素珍，沒能正常生活，完全不再是親友認識的自己；一生所遭遇的苦難，怎麼也無法與目睹懷胎十月的孩子受苦卻束手無策相比，她可以無條件拋下一手建立的事業，只求換得孩子健康，在生命交易的談判桌上，她吶喊願意交出一切。努力在絕望中探尋希望，崩潰的情緒沒有擊倒殘存的理智，內心哀傷著難以度過這一關，腦中卻不放棄任何一絲可能性。離開澳洲對嗎？這趟旅程安全嗎？置身一萬公尺天際上，她的心卻沉入海底深淵；忽然，面容慈悲的觀世音出現在她眼前，安詳微笑，她終於盼到這刻，平安了。

回到台灣，救護車隨即將Jack送往雙和醫院窗明几淨的加護病房，並由各專科醫師會診，進行一連串檢查。來往關懷的人群讓長期不敢闔眼的疲憊深深襲上Jack，他撥開護理師檢測的手，此刻，他只想好好睡一覺，而這也是一個多月來他睡得最安穩的一次。

一天天恢復健康的Jack，經蘇鈺凱評估後免去再一次的手術，拔除鼻胃管、離開加護病房開始復健。看護協助他，搭電梯時高一個樓層，慢慢走下樓，增加復健機會。當復健師要求他做十下，他會盡力做到二十下，Jack告訴自己，為了大家一定要盡快復原。在病房裡，Jack床邊永遠有不少人圍繞，他感到自己被包容得超乎異常，只要一起身，可能同時有三個人轉頭確認他需要什麼，愛的暖流多到充滿房間，甚至飄溢整座醫院。

蘇鈺凱不時來巡房，確認Jack沒有任何後遺症，復健狀況則超乎預期。所有的檢查結果無法推測Jack腦膜下產生積血的原因，再發生率是微乎其微。

得知孩子可以進食後，吳進昌到處採買最新鮮的食材為兒子燉煮，從最初的流質湯品到固體食物，每一天病房裡都有父親辛勤下廚的傑作，即使孩子只吃一點，能看到Jack再次品嘗自己的廚藝，吳進昌滿足地笑了。當蘇鈺凱告訴Jack每星期可以請假一天離開醫院外出透氣時，他開心地添購新裝，換掉醫院的病氣。返台不到一個月，Jack恢復健康出院了。

再一次和Jack並肩站在陽光下，吳進昌夫妻露出久違的笑容，回到家鄉的選擇是正確的；這裡不只有國際水準的醫療設備，還有最能支持病患與家屬的醫療環境。透過蘇鈺凱與雙和醫院整個醫療團隊的努力，Jack終於恢復健康，又再度展現正面的生命力，當下，心中無盡感恩。

把愛傳出去

孩子出院之後，陳素珍留在台灣多花些時間陪伴雙親；回想移民這二十五年，除了經濟上提供雙親不虞匱乏的生活，但不能陪伴在旁承歡膝下，她心裡總有些遺憾。

上了年紀的兩老，對身體病痛態度截然不同。父親有著無論如何都不願上醫院看病的固執，而宿疾纏身的母親，近來身體不適的頻率愈來愈高。Jack出院後，陳素珍時常陪著母親看醫生；曾經跌倒的母親常喊不舒服，檢查後判定是嚴重的骨質疏鬆，施打藥劑便可出院。

出院當天，母親的精神很差，返家後，戴著氧氣早早就寢。隔天一早，母親始終未醒，聯絡醫生後緊急送醫，才發現母親是因血中的二氧化碳濃度過高而昏迷。最初醫師施以高壓氧，期待能排出她體內的二氧化碳，但徒勞無功；於是在緊急關頭，陳素珍同意醫師進行氣管插管。

「有人質疑我，怎麼能為年事已高的母親做出如此折磨的決定？從插管到氣切，一步步像陷阱帶著我向下跳。醫生督促我們盡快決定，不然有生命危險，我完全沒辦法詢問她的意見，一想起她昨天正常出院回家，那種情景教我怎能放棄？」她內心顫抖著簽下那張病危通知，三月底，母親住進雙和醫院的加護病房。

東台灣那頭，傳來吳進昌母親中風的消息，兩位老母親相繼住院，好不容易看著孩子康復，夫妻兩人又再一次日夜奔波醫院，吳進昌更是台北、花蓮兩地跑。商場上，他是事業有成的企業家，面對至親，他的「爸爸廚房」成為溫暖家中每一份子的愛心補給站，不時出現美味宅急便。

雙和醫院裡，病房主任林啓嵐一如既往照顧加護病房裡每位病患，對這位剛轉進來的老太太，他仔細確認她的狀況，為她提供最適合的醫療服務。

由於病情沒有起色，為了讓病患獲得最好的醫療效果，林啓嵐主動建議家屬，邀請台大或榮總的醫師會診，也許有更好的方式調整她的心肺功能。榮總醫療團隊前來了解病情後，決定轉院；過程中，林啓嵐搭乘救護車陪伴病患轉診，這是他行醫以來的習慣，親自將病患交給接手的醫師他才能放心。陳素珍訝異於如此胸懷與細膩的醫師，上網查詢才發現林啓嵐列名醫療界的百大良醫。

前來會診的榮總胸腔部主任李毓芹是教授級醫師，林啓嵐認為從他身上學到許多。而將心比心，相信家屬都希望醫師陪伴病患轉診，雖然醫師能做的事有限，但至少陪在病患身旁如同定心丸。「醫療者不只是保衛病患的生命、單純開藥做檢查，同時還要了解社會各層面，以改善病患的不適；這些不適可能來自疾病、心理、甚至社會。醫師的工作是醫人，而不只是醫病。」

在榮總加護病房一個多月，母親因感染從未醒過，只能同意進行氣切，轉送呼吸治療病房。心疼母親長期處於昏迷狀態，陳素珍在母親耳邊輕喚，一次又一次，一聲又一聲，期待母親能聽到孩子的叫喚聲而醒過來；她不停喊著「媽媽、媽媽」，眼淚撲簌簌的下，克制著哀傷的聲音，不讓母親知道自己難過，一直沒間斷地呼喚，全呼吸治療室的家屬們聽得一陣鼻酸；然後，母親微微張開眼，醒了，她真的醒了，即使只有短短幾秒鐘，她知道母親是聽見她呼喚的。

一日，吳進昌對她說，送母親回雙和醫院吧！畢竟醫師們已熟悉病況，也將盡力照顧。陳素珍來到父母信奉的行天宮，跪在關聖帝君面前祈求，期待能有更多時間好好照顧母親，若能減少她的苦難，自己願意以生命交換。筊杯落地，她得到安心的答案，撥了電話安排母親轉院。奇妙的是，當母親醒來見到林啓嵐，竟伸出手向他豎起大拇指，或許，這就是俗語所說：先生緣、主人福。

為照顧加護病房裡的病患，林啓嵐常常與護理人員同工，拍背、推床、換藥都可見他參與其中。他說，診治與護理工作很難切割，必須關心病患的各種面向，「就像農夫若想知道田裡發生的事，不是只看稻穗的飽滿度，他必須彎下腰注意稻苗根部，踏足水田中穿梭，才可能發現福壽螺等蟲害，或是水質太髒有汙染，稻子不是種下去就一定有收穫，更需要努力留心過程中每一個細節。」

在他來看，一個患者一個臉孔，一個臉孔一個疾病，一個疾病一個故事。他將醫師比喻為裁縫，布料和身材是兩項無法改變的現狀，技術若好，就能裁剪一套襯托身材的好衣服。醫生看病是發揮所學，其中仍有一定比率的失敗，盡量壓低因人忽略的比例成為關鍵。每天比較病患前一日的狀況，有進步表示昨日診斷正確，沒進步則須及時調整處方，做出最好判斷。

十月底，一家人在病房裡為母親過生日，不醒人事的母親只微微瞄了一眼；一個月後，卻奇蹟似地好轉，肺部不再感染，精神清醒，可以藉由文字和家人交談。林啓嵐告訴他們，母親可以轉入普通病房了。

陳素珍開心地捏捏自己，會痛，不是作夢；藉著林啓嵐與雙和醫療團隊的努力、母親的毅力，以及全家齊心的信念，生命真的出現奇蹟。

一年多以來，陳素珍幾乎都在台灣，每天兩次加護病房開放時間一定到醫院探視母親，見到林啓嵐的作為相當感動，「一星期七天，林醫師都在，探訪的時間他一定出現為家屬解說病況，一個外人對母親那麼用心，我們為人子女的更應孝順。」從小缺乏雙親疼愛的母親，一場大病把全家人緊緊抓在一起，在人生最後一段路程上，看到全家人的凝聚，相信她也是開心的。

雖然很多人曾勸陳素珍放棄，但林啓嵐卻不放棄任何希望，「因為患者見到兒孫出現開心神情，代表她仍孺慕這個世界，我們抓住她的態度和意向而不是草率決定，應設身處地為她著想。」

當街道充滿慶祝聖誕的五彩裝飾，陳素珍注視母親安詳的睡容，發覺她原來不過是一個需要人疼的孩子，住院後被愛包圍而整個人變得柔和，讓陳素珍了無遺憾。母親轉入普通病房當天，特別親筆寫下「謝謝林醫師」幾個字，雖然戴著口罩，看得出林啓嵐亦相當興奮與驕傲。

風風雨雨的一年終於過去。

Jack平安出院，吳進昌夫妻為他在雪梨舉辦感恩晚宴，邀請所有關心孩子的親友參與。晚宴上，瘦了一圈的Jack精神奕奕，緩緩地向每一位曾經到醫院探望的親友獻上感謝，人數之多、情節之細，讓Rachel不禁訝異原來病床上昏沉的孩子全都記得，為他的康復報以最深祝福。

細數這段期間，全家人身邊總有天使陪伴，每一位特地前來關心孩子、母親與陳素珍的親友，她點滴記在心頭，當自己遭遇困難的時候，感謝身邊這些天使的看顧，有人安靜陪伴，有人張羅點心，有人捎來打氣信息，有人擁抱鼓勵，有人帶她散心，甚至幫助她走出創傷後壓力症候群，重新看見世界的美好。她想，現在該是她出手做一些事，感動別人的時候了。

陳素珍記得，海燕颱風侵襲菲律賓後，媒體上盡是滿目瘡痍的景象；第一時間，她和Rachel忙著聯繫進入災區的慈善團體，期望有人可以協助將物資送達災民手中。「當時公司準備最應急的礦泉水和蛋白粉，可以暫時解決斷水斷電災民的基本糧食需求；然而菲律賓政府的貪腐舉世皆知，如果一個政府行政有效率、愛百姓，人民的生活不會那麼苦；所以我不想將救災物資或款項送交官方組織。」她放下手邊日夜趕工的生產線，不停連繫幾個慈善團體的澳洲和菲律賓辦公室，他們宣稱第一時間已進駐災區，但只收金援不收物資。

時間一分一秒過去，她心急如焚，沒水沒電的災區，乾淨的食物和飲水不是首要救災資源嗎？為什麼沒有人願意協助在地發放？她可以支付所有運送費用，只求找到在地的接洽人員。

皇天不負苦心人，一位菲律賓人前來洽公，陳素珍像似看到救星，立刻詢問是否能協助捐贈物資；客戶告訴她，雪梨有一間菲律賓物流公司特地在此接運物資，基於同胞之愛，運費全免，並且在Nature's Care物資送達災民手上時拍照記錄。四十呎貨櫃中放滿飲用水和蛋白粉，總金額超過十萬澳幣。

她深信，只要有心，任何目標都能達成。

每次搭乘國泰航空，陳素珍總會在「零錢布施」的信封袋裡放點現金，她很欣賞這個活動，鼓勵旅客將旅行後用不到的他國貨幣作為幫助兒童的基金。當她因緣際會參加台灣原聲童聲合唱團的表演，聆聽被認養的原住民兒童唱出天籟，除了讚嘆原住民的天賦，她告訴自己，投身公益慈善的時間到了。

「其實二〇一五年七月，我才剛掛名公司的CEO，按照公司的營運規劃，至少該在這職位上帶領公司兩個任期，但受到Jack和媽媽住院的影響，想法上產生很大改變，對公司業務，我的階段性任務已經完成；接下來，我要從事慈善，成立基金會。這個基金會不爲沽名釣譽，更非避稅，在澳洲繳稅也是一種慈善行爲，成爲社會福利的收入來源，人人共享。現在開始我想把精力放在基金會上，那是一個新的志業、使命。

在向蘇鈺凱醫師提及成立基金會的想法後，他非常認同，並表示不久前才由孟加拉陪同受傷台商返台就醫，他很感慨當地因教育不普及，爲了小利傷害他人時有所聞。他認爲，教育是改變社會的根本，透過文教基金會從小協助資源缺乏的孩子得到合宜教育，才能使世界更加美好，這番話正好與我的想法相互呼應。

一年多來，無形中似乎有股力量把我拉向慈善事業。經歷了至親的生離死別，我現在很享受當下。所做的每一件事，冥冥中都被賦予某種責任和使命，所以我不抗拒；接受這份使命與責任，順著那條道路走，就對了！我的身旁圍繞許多天使，而我，也要成爲別人、那些社會角落裡亟需援助者的天使。我曾發願，要將自己獻給芸芸眾生。」

過去，像聖經所說，左手做的不讓右手知道，陳素珍一直為善不欲人知。

「現在我的想法剛好相反，做好事一定要讓人知道，才能激勵更多人得到共鳴，大家一起投入愛的循環，讓愛如活水般湧流各地。爲善應欲人知且有智慧，理想狀況除了伸出援手，給他魚吃，還要給他釣竿、教他釣魚，付出的不該是物質上滿足對方的需要，而是滿足能力上的需要。我相信人性本善，在行善的道路上，必會吸引更多善的能量。」

幸福企業源遠流傳

站在Nature's Care公司二樓向外望，制高點的位置可瀏覽Austlink企業園區景觀；近幾年來廠房如雨後春筍設立，發展迅速，車潮人流絡繹不絕。夏日溫度雖高，拜溼度低之賜，反倒有種暖洋洋的舒適；街邊的尤加利紅花綻放，吳進昌笑著說：「澳洲位在南半球，聖誕節在夏天，尤加利成了澳洲的聖誕紅。」

他與總務經理步行至隔壁廠區。這裡是Nature's Care二〇一四年再購置的廠區，土地面積廣達八千五百坪，廠區內座落一幢地下一層、地上三層的辦公大樓，建築年代較吳進昌自己興建的廠房早，最初開發商計畫將這座辦公大樓作為IT企業中心，所以建築內不斷電系統、光纖路網、機電保全設施一應俱全。

當市場的新寵南極磷蝦油於二〇一二年推出後，因著品質與價位的優勢，加上交貨迅速，Nature's Care的蝦油銷售量立刻躍升為澳洲第一品牌，訂單如雪片飛來。由於生意太好，包裝線不斷趕工，陳素珍每天上班第一件事就是到廠區協助包裝，有事找她往包裝線絕對沒錯，甚至其他部門人員也動員協助；「由於蝦油售價高，占營業額相當大，那段時間很辛苦大家。」即使忙得昏天黑地，公司上下卻因業績快速增長而相當開心。

自此開始，Nature's Care的銷售額逐年以驚人幅度上升，原有生產線已不敷使用，箭步之遙的廠區成為擴大營運的最佳選擇。入口處花圃種滿薰衣草，以幾棵小楓樹綴點豐富視覺感受。廠區開始進行增建，並裝修辦公區域，除了已搬遷的業務部與擴增的包裝線外，行政部門於二〇一六年全數搬至新廠，原廠全部作為生產區域與實驗室。

在辦公大樓入口處，吳進昌指著弧型迴廊，「這裡將重新裝潢，設立接待處；」走進大樓，辦公室在建築物東西兩側，中央是挑高三層樓的中庭，戶外陽光直接透入，猶如購物商場；「廊道兩側將擺放桌椅供人休憩，增加室內植物，讓環境更宜人；」穿越廊道，戶外則是一大片花木扶疏的休息區，員工平時可在此享用午餐，或是公司的BBQ餐會也可在此舉辦。

由於辦公樓層總面積超過三千坪，Nature's Care只使用一部分，其他區域分租不同企業，成為一幢綜合辦公大樓。向南延伸的倉庫與樹林區域，成為Nature's Care的倉儲物流區，貨櫃運輸進出更為便利。

生產線如火如荼趕工，新廠區逐步擴大建設，辦公室裡，部門主管們正與吳進昌夫妻評估各創投與券商對公司上市的提案規劃；五、六年來，Nature's Care一直在為上市做準備，光是稽核，就花了三年時間。陳素珍趁著在台灣照顧家人的這一年，積極安排在台灣上市的事宜。

「爲了衣錦榮歸，所以希望公司股票可以在台灣上市。當初很多同仁不贊成，因爲台灣市場太小，至少要像香港那樣的環境才適合；Michael也分析許多在台灣上市的利弊，結果是弊大於利。但我很希望將Nature's Care良心事業的形象帶入台灣，而且我們證明了，只要有心，移民他鄉的台灣人還是有機會闖出一番事業。

公司要永續經營，上市是必經之路。未來雖然不一定由我們經營，至少公司的企業精神和文化會持續下去。規劃上市那天開始，我們一直向券商和所有同仁強調，Nature's Care的企業文化是，原料和品質爲第一優先，讓公司股東和消費者可以吃到好產品，照顧他們的健康，這是我們對上市的期許；單純爲了獲取股票利益的投資人，請別購買我們的股票。」

陳素珍以為，在台灣上市股票比較簡單，卻發現台灣採取會計體制，以核對每一筆會計項目查帳，項目繁瑣龐雜，她在澳洲多年，未曾見過如此詳細的帳目，卻完全忽略現金流。

「查閱銀行對帳單的資金去留，才能眞正看出公司的經營。會計帳可以做得很漂亮，但現金流卻可能是負債或呆帳，庫存也許都是沒價值的存貨，容易發生公司被掏空的狀況。

經過二十五年的努力，我從完全不懂配方原料，到現在可以把關研發部門，公司裡很多專家幫助我學習，這是扎扎實實的社會學成果。在財務和資本市場上，我也是一張白紙。台灣的創投公司幾乎都願意投資Nature's Care，沒有一家對我們沒興趣，因爲公司的EPS相當高，特別是二〇一四年起，每年的獲利大幅成長。每一個來拜訪我們的人，都聽到一個創業故事，發現我們的創業和台灣人不一樣，深受感動敬佩；這是種相當正面的推廣。」

大病痊癒後的Jack，工作態度全然轉變，積極參與公司運作。「我在台灣待了十個月，一方面勤加復健恢復正常生活，也利用時間充實中文能力。看著媽媽為外婆奔波，爸爸和哥哥在澳洲挺著公司，所以告訴自己，回澳洲一定要加倍努力。」

經過一年的洽談，台灣的股市環境讓陳素珍愈來愈疑慮，此時Jack引薦澳洲的投顧公司，提出的規劃令眾人眼睛一亮；Jack這才理解，原來公司經營是那麼具有挑戰性。

「這些投資商來到公司後，發現行政管理很有效率是我們的最大優勢，在澳洲維持一個TGA監督的cGMP廠非常不容易。

Jack的朋友提到，他們公司曾併購另一家小公司。財報上，光是供應員工的下午茶，每個月花費超過萬元澳幣；於是併購後先刪除錯誤的費用，公司才有機會賺錢。澳洲的運費、電費、工資都很高，導致管理費用提升。Nature's Care累積二十五年經驗，才有今日的成績；這些年來，很少企業可以像我們一樣持續經營，總是不斷的易主，問題可能就在高昂的管理費用上。

以全球角度評估，澳洲的經濟體系相當健全，四大銀行在貸款前所做的信用調查非常仔細，風險管理完善，因此二〇〇八年的金融海嘯，只有澳洲沒受到影響。過去以農立國的澳洲，人民較純樸；近幾年受到亞洲移民影響，市場景氣更趨活絡，營業時間拉長，相對爲銀行業製造更多商機。」

這天，業務部門一早就在陳素珍辦公室沙盤推演，不一會兒，澳洲最大通路商的兩位合夥人，將到公司洽談未來的行銷計畫。

會議室內，陳素珍一開口，先向兩位客人表達真摯謝意，感謝他們多年來為Nature's Care創造的利益和價值。她打心底佩服他們；二〇〇〇年，這兩位合夥人接手只有三家門市的小公司，短短十五年拓展超過三百家，透過併購，幾乎壟斷澳洲的藥妝市場。

接著，陳素珍表示，為了更長遠的合作，她願意提供對方部分利潤作為回饋。

合作方向大致底定後，陳素珍將細節交由同仁洽談，自己先離開會議室；她終於明白自己企業不斷成長的原因，讓利、雙贏，為客戶的利益著想，是她的經營哲學。

「做生意，不只注重自己，同時也要看到對方的利益，因爲大家都是生命共同體。出讓部分利潤，但卻擁有通路商爲公司創造的更大利益！很多人只看到給出去的那部分，認爲是送錢給對方而自己少賺，連通路商都覺得是自己占了便宜；其實想通了，大家都能雙贏。反過來仔細想想，這幾年如果沒有通路商的協助，Nature's Care怎麼會有今天？大家很少看到這點，總以爲都是自己努力的結果。」

其實大家口中所謂難搞的客戶，只要站在對方的立場設想，事情沒有那麼複雜與困難。

一整年幾乎都在台灣的陳素珍，感激同仁的努力，使業績蒸蒸日上，回到公司最掛念的就是獎金發放；除了擴廠，Nature's Care員工人數增加至三百人，比五年前增加逾百人。

對Rachel而言，吳進昌夫妻就像自己的家人，當她還是留學生在Nature's Care打工，因手術住院，夫妻倆不但送花，還親自探望，對在異鄉舉目無親的她感受特別深。

她認為，他們的自我要求嚴格，對員工則充滿情分，工作上，他們總是親力親為；而陳素珍，更是公司的靈魂。多年來，公司已建立完整健全制度，即使她不在，各部門仍舊自動自發做事；只是當她不在，工作上似乎少了那麼一點熱情。「她有她的人格魅力，她在的時候，我比較容易被激勵；她讓公司的整體目標更加明確，動力充足，熱情高漲，長時間工作培養出奮鬥的情感和默契，會忍不住詢問回來時間，但又了解她的孝心，再怎麼想也不敢催促她，情感上非常矛盾。幸好現在有發達的通訊軟體，聯繫不是大問題。」

公司裡，急性子的吳進昌仍舊高聲發號施令，來回巡視生產線，確保每個環節的正確無誤。Michael持續扮演執行者的角色，他盡可能在評估階段羅列各種利弊得失，當決策確立，他努力達成目標。重新歸隊的Jack，以新角度看事情：「我們已有工廠和通路，下一個目標是原料，而酒莊正代表原料，像把故事寫完整了。媽媽總說，介紹公司要像講故事一樣，有一個令人感動的好故事，客人就會上門。我最強的部分是行銷和公關，講故事和人們分享，我可以做得很好。」

正如日本社會趨勢觀察家三浦展所著《第四消費時代：共享經濟，讓人變幸福的大趨勢》一書指出，社會即將邁入第四消費時代：人們不再是單純購買商品、滿足自我的利己消費者，消費行為將成為尋找自我、思考生命意義的媒介。

心情不好的時候，陳素珍喜歡到無印良品走走。「為了股權規劃，讓我傷透了腦筋；在這裡待上兩小時後，問題就解開了。」

她覺得，無印良品由商品陳列、服務態度所傳遞的企業文化很鮮明，平實的價格令消費者無須討價還價，品質亦具有一定水準；那是她的願景和理想，期待Nature's Care也成為一間幸福企業，員工感到幸福，購買商品的消費者也領受幸福，更將幸福藉由基金會傳遞到世界的每一個角落。「相信在澳洲嚴格的法規下，公司可以繼續走下去；而且，退休之後，我要每一間、每一間門市去，分享Nature's Care品牌的故事，讓公司的精神永遠流傳下去。」

Jina說：

Alex有著牡羊座不怕困難的冒險精神，遇到自己認爲不對的事情時，他通常會以據理力爭的方式，並排除萬難將事情一次完成。表面上看起來，有些時候會很衝動，甚至有一點火爆，但他的內心卻有如大海般的包容力，也有他細膩的一面。我總覺得他是世界上最有福報的男人，他不怕吃苦的工作、不擔心身材變胖的享受美食，累了就睡，起床後又是精力充沛的工作，從不鑽牛角尖，又隨時肯付出。

早上有時候很想賴床，Alex總是很體貼說「妳再多睡一點，我先去上班，妳可以慢慢來」，每次聽到這樣的體貼的話，總覺得好溫馨、好溫暖，所有的疲倦也會頓時消失了。每當他聽到我與孩子們有想要吃的東西，隔天它就會在餐桌上出現。

Alex對外完全代表公司、也代表家，我很少出現於社團活動中，因此很少有人知道我也在公司負責一部分的工作。因此常會有人問我是否有在公司幫忙？宛如我是閒閒沒事呆在家中的貴婦呢。

年輕的時候，我們遇到工作上有意見衝突時，我會與他爭吵，現在知道吵是沒有用的，因爲Alex的聲音大，口才又比我好，我是吵不過他的，這些年來我已經學會了在有意見衝突時，會等到他心平氣和的時候，再好好的跟他講，就可以達到溝通的目的，也可以把事情處理好。

公司裡總有許多大大小小的事情，我也不太願意去煩他，但是如果有關人事或是財務上的事情，我們一定會同時知道並作溝通；遇到有些重大的決定，當我拿不定主意的時候，我一定會交給他，他瞬間的決定，常讓事情很快的解決，這全靠他大智若愚、沒有雜念，又能清楚的看到事情眞相。公司在我們的經營管理下已有穩定的成長，如今公司更有了優秀的管理團隊，可以爲我們夫妻分憂解勞。

我不刻意去選擇經濟條件好的夫婿，我們兩人白手起家並共同努力，在三十歲的時候，已擁有了房子、車子、及兩個健康的孩子，我已經很滿足，也無所求了。但爲了孩子、爲了理想而選擇了移民，需要再次從頭開始時，其實是更加的困難，因爲人生地不熟、語言又不通、文化背景也不同，加上沒有任何背景與技術，經十多年來的努力，終於可以站穩腳步，做出一點成績。

二〇〇五年新廠蓋好後又歷經一次更艱難的挑戰，爲了符合環保及堅持環保理念而建廠，我們花了六年的時間才完成建廠工程。對於一個海外移民者來講，要了解當地的文化及法律已是相當困難，更何況還要在全世界審核標準最嚴格的澳洲藥物檢驗管理法規下設廠及生產健康食品；加上我們沒意識到在勞工意識抬頭的國家，無論管理法規的認識及技術掌握上，我們的能力均有不足，此外，公司規模的發展上，從幾個人到百多人的製造廠管理模式，也充滿著相當大的挑戰。以前偶爾會聽到有人形容頭髮一夕間發白，就在搬新廠的時期，我的頭髮眞的是在一夕間發白了許多。

在那段艱苦期間，聽聞到法鼓山聖嚴法師所倡導的「四它」：接受它、面對它、處理它、放下它。當時負責市場部的經理曾勸我說一切盡力就好了。雖然與好友林萍沒有很多的時間一起相聚，的確在那時候，她似乎看出了我的憂愁，經常以行動來鼓勵我、支持我並指點我。幸虧有許多好友的守護與鼓勵，並藉由朋友的支持與宗教的寄託，讓我們夫妻不怕困難、不怕錯的一次再一次的重新來。

歷經二十年的奮鬥與努力，爲了環境保護更是付出很大的代價，煎熬了六年才完成新廠房，爲了是要提供最天然成分的產品給消費者，讓Nature's Care的產品可以眞正達到健康美麗的體內、體外環保；同時也克服重重的困難，取得澳洲藥管局的cGMP執照，更不計成本選用最好的原料製造好的產品。如今終於在澳洲製藥業占有一席之地，除了產品暢銷在澳洲主流通路外，也積極的拓銷到其他國家。

我們讓澳洲人認識了台灣移民努力打拼的精神，隨著事業及生命經歷的成長，更體會到環境保護、身體環保、心靈環保對人類的重要性，並認知到商業活動與支持環保，不一定會有衝突，我們也將繼續傳承這個理念「先做好環保才能使企業更永續經營」。

二十年了，非常感恩能夠在異鄉生存下來，感謝在堅苦創業時一路情義相挺的好友，也感謝合作夥伴的全力的支持。

國家圖書館出版品預行編目資料

兩片葉子一片心：澳洲台商納維康圓夢之路／周君怡採訪整理；水邊、周君怡撰稿. --初版.--臺中市：白象文化，2016.03
面： 公分.——（people；20）
ISBN 978-986-358-319-6（精裝）
1.吳進昌 2.陳素珍 3.臺灣傳記 4.創業
783.31 105001440

people（20）

兩片葉子一片心：

澳洲台商納維康圓夢之路

採訪整理 周君怡
撰　　稿 水邊、周君怡
專案主編 徐錦淳
出版經紀 徐錦淳、林榮威、吳適意、林孟侃、陳逸儒、蔡晴如
設計創意 張禮南、何佳諠
經銷推廣 李莉吟、何思頓、莊博亞、劉育姍
行銷企劃 黃姿虹、黃麗穎、劉承薇、莊淑靜
營運管理 張輝潭、林金郎、曾千熏
發 行 人 張輝潭
出版發行 白象文化事業有限公司
402台中市南區美村路二段392號
出版、購書專線：（04）2265-2939
傳真：（04）2265-1171
印　　刷 基盛印刷工場
初版一刷 2016年3月
定　　價 299元